立憲民主党を問う

政権交代への課題と可能性

吉田健一
YOSHIDA Kenichi

花伝社

まえがき——なぜ、日本に「政権交代」が定着しないのか

日本が明治に近代国家になってから、これまでに何度、選挙の結果、政権交代が起こったかをご存じであろうか。何と、戦前と戦後を合わせてもわずか五回しかない。選挙による政権交代は、戦前に一回と戦後に四回しかないのである。

戦前の一回は、一九二四（大正一三）年に政友本党の清浦奎吾内閣から護憲三派（憲政会、政友会、革新倶楽部）の加藤高明内閣への政権交代である。大日本帝国憲法（明治憲法）は議院内閣制をとっておらず、国会によって首相を指名していたわけではない。首相の任命権は天皇にあった。通常、「元老」の推薦によって次期首相が決まり天皇が任命する大命降下というかたちをとった。戦前も選挙はあったにもかかわらず、衆院選の結果第一党となった政党の党首が組閣したのは、加藤内閣が初めてであった。

これ以降、衆議院の多数党の党首が首相になる「憲政の常道」が慣行となった。その後、一九三二（昭和七）年の五・一五事件で犬養毅首相が暗殺され、犬養内閣が倒れるまで、つかのまの二大政党時代が続いた。だが、この時の二大政党であった政友会と民政党は交互に政権を担当したとはいうものの、選挙による政権交代で交互に与野党が入れ替わったというわけでは

なかった。政友会と民政党は、お互いの足の引っ張り合いや敵失によって政権を担当したと言われている。

二回目は戦後の一九四七（昭和二二）年の吉田茂内閣（自由党）から片山哲内閣（社会党、民主党、国民協同党の連立）への政権交代であった。片山首相は社会党出身であった。三回目が一九九三（平成五）年七月の宮沢喜一内閣（自民党）から細川護煕内閣（七党八会派の非自民連立）への政権交代であった。四回目は比較的記憶に新しい、二〇〇九（平成二一）年の麻生太郎内閣（自公政権）から鳩山由紀夫内閣（民主党、社民党、国民新党の三党連立）への政権交代である。そして、五回目が二〇一二（平成二四）年一二月の野田佳彦内閣から第二次安倍晋三内閣（自公連立）への政権交代であった。

我々が同時代人として経験した政権交代は、民主党（中心の勢力）への政権交代と、安倍自公政権への政権交代、（一定以上の年齢の方は）細川政権の誕生の時の三回だけと思われる。戦後の日本政治では、五五年体制の頃は全く政権交代が起きなかった。そして、五五年体制が崩壊した一九九三（平成五）年の総選挙で、実質的に戦後初めての政権交代が起きたのである。

二〇〇九（平成二一）年には民主党（中心の勢力）への政権交代が起きたが、この民主党（中心の連立）政権は鳩山由紀夫氏、菅直人氏、野田佳彦氏の三つの政権で約三年で幕を閉じた。その後、七年八か月という憲政史上最長に及ぶ安倍政権が続いた。

「なぜ、日本に『政権交代』が定着しないのか」――このテーマは非常に大きな問題である。

戦後、日本国憲法によって議院内閣制が導入された。政権交代は制度上、起こりやすくなったはずであったが、実際には上述したようにほぼ起こらなかった。戦後の日本社会では一九五五（昭和三〇）年にいわゆる五五年体制とよばれる政治体制が成立した。自民党を政権政党として社会党を野党第一党とするこの体制は、実に三八年間も続いた。この体制の特徴は、政権交代が頻繁に起きる二大政党制ではなく、自民党の一党優位体制であったことだ。一党優位体制とは共産主義国家のような一党独裁体制ではなく、選挙による政権交代が政治制度上は可能であるにもかかわらず、実際には起きないという体制のことである。こんな国は、いわゆる自由民主主義体制を採用している西欧諸国には例がない。大統領制のアメリカまで入れて比較しても、戦後、これ程までに政権交代が起きなかった国は世界でも珍しい。

このことについては様々な理由が考えられ、多くの論者によって論じ尽くされているのかもしれない。例えばある論者は、日本人そのものの持つ保守的な民族性に原因を求めてきた。日本人は封建体制に長く慣れ過ぎたせいでいわゆる「お上意識」が強く、体制に歯向かわない従順な人が多いというのは、従来からの聞き慣れた言説だ。これは、誰かがある時に発表した説ではなく、いわば「常識」と同じレベルでよく人々に語られる言説である。確かにこれは、「体制」を、自民党という一つの保守政党だけでなく、官僚制や財界と一体となった強固な「支配層」と考えれば、説得力のある説でもあろう。従順な日本人はこれに逆らうことがなかった、逆らうことができなかったというのは通俗的ではあるが、私自身もこの説に立っている。

　また、ある論者は、日本人の権力に従順な性質よりも、社会の中の相互監視機能に注目する。この視点からの議論や研究については、政治学というよりも社会学や文化人類学の範疇でもあろう。国家権力も怖いが、それよりも日本人が一番怖がるのは、隣近所からの差別（排除）である。日本人にとって最も怖いことは、「向こう三軒両隣」に排除される、いわゆる「村八分」である。このメンタリティは今でも多くの日本人の精神の奥深くに沈殿している。「体制」というのは、何も国家権力だけではない。隣近所の人々の意識こそが実は最も強固で怖い「体制」である。戦前日本のファシズム体制を詳細に研究した丸山眞男氏の古典的名著『現代政治の思想と行動』で明らかにされた構造である。

　この「少しでも変わったことをすれば周囲から叩かれるので怖い」というメンタリティを持つ人が社会の多数派であれば、体制に逆らう人間はただちに地域や職場で排除されるのであるから、国全体としても政権交代など起きようはずがない。戦前はそれが軍部の独走を生んだ。戦後は自由民主主義体制になったにもかかわらず、自民党一党支配に多数派の人は逆らわなかった。そもそも日本人は、権力というものは一種類だけであって、その大きな権力は動かしたり変えたりすることなど出来ようはずがないと考えているのかもしれない。

　また、ある人々は、山本七平氏の『空気の研究』に見られる日本人論を援用して物事を語るかもしれない。日本人の無責任体質と権力は真空であるという説である。この論に立てば、人々は常に空気を読んで行動するのであるから、権力に歯向かうことはしない。ぼんやりとした空気の醸し出す権力へと人々の意識は常に向かうため、権力を持っているグループはその内部で指導者の入れ替わりはあっても、大きな「体制」は常に変わらない。長年かかって作られてきた日本人が全体として持つメンタリティについての研究は、無数の興味深い日本人論を生み出した。

また、ある種の立場に立つ人々は、逆に自民党の統治が良かったから自民党政権は長く戦後の日本人の多数派に支持されたと述べる。この立場の人々は、先に述べた（仮に本書でこう名付けるが）「日本人はお上意識が強い」論や「日本人は従順で主体性がない」論、または「日本人無責任」論には安易に与しない傾向がある。この立場に立つ人は、日本人の持つ保守的なメンタリティをむしろ高く評価し、望ましいもの、誇らしいものととらえる傾向がある。また、自民党の政治が支持されたのは、日本人が共産主義や社会主義を明確に拒否し、自由主義体制を意識的に選択したからだという主張もある。これらの説も確かに一面では真理を突いており、一概には否定できないであろう。

いずれにしても、原因が何であれ、現実の日本社会ではほとんど政権交代というものは起きなかったし、仮に起きてもすぐにそれまでの体制派（戦後でいえば自民党）に権力は戻った。国民が権力をその都度選べる体制だけは、一度も出現していないのである。このことの大きなレベルでの理由は、数多くの日本人論（主に日本人のメンタリティを分析する研究）によって説明されていても、どうして、いつまでもそうなるのか、本当の理由まではっきりしない。この日本人の保守的性格について理由としていくつもの仮説を出すことはできても、実際には謎なのである。

議論をあまり大きく拡散しすぎないために政治の分野に絞れば、「なぜ、政権交代が定着しなかったのか」との問いに対しては、「一貫して野党が弱すぎたから」としか回答のしようがない。では、「なぜ、野党は弱かったのか」という問いになれば、政治意識のレベルでの説明はいくらでも可能だが、さらにその理由をより大きなレベルで考えてみれば、これまた日本人論や文化人類学の話にまで拡大してしまう。この問題は非常に悩ましい。

本書は議論を広義の日本人論にまでは拡大せずに、政治の話の範囲内で野党のあり方について考えるものである。そして、その際の大前提として、デモクラシーの進展のためには政権交代はあった方が良いという基本的立場を取っている。だが、本書では日本人論には踏み込まないとはいうものの、日本ではどの程度の野党ならば国民の多数派から政権を担当させても良いと容認されるのかという問題も常に意識しながら、野党のあり方についての議論を進めた。この「どの程度の野党ならば容認されるのか」という部分は本書においては最も重要なテーマであるが、「急進的な野党は体制派（経済界）が許さないので、政権交代の可能な政治体制を目指すのであれば自民党のスペアを作る必要がある」という議論だけは明確に否定した。この種の主張はいつでも定期的に顔を出すのだが、それでは、結局は政権交代の起きない日本を続けることにしかならない。

野党、とりわけ野党第一党の立憲民主党は何を目指すべきなのか。その際にはどのような思想によって、どのような人々の利害を代表し、どのような人々を支持基盤として、もう一つの実現可能な日本を構想すべきなのだろうか。本書ではこの問題を考えたい。

立憲民主党を問う——政権交代への課題と可能性◆目次

第三章　政治の劣化と格差社会　62

第四章　立憲民主党の目指すべき方向と支持基盤について考える　82

第五章　立憲民主党と野党は政治思想的にはどうあるべきなのか　108

第六章　野党の外交政策はどうあるべきなのか　174

はじめに

（1） 昨年起きた動きについて

昨年、二〇二〇（令和二）年は長く続いた「安倍一強」がついに崩れ、にわかに日本政治が動き出した年となった。七年八か月続いた安倍晋三前政権が昨年九月に退陣し、菅《すが》義偉政権が誕生した。そして、同じ月に野党でも再編が起こり、旧立憲民主党と旧国民民主党がそれぞれ解党し、「合流新党」と呼ばれた新立憲民主党が誕生した。いわゆる「合流新党」は旧立憲民主党と旧国民民主党との丸ごとの合流とはならず、小さくなった新国民民主党も誕生した。

（2） 安倍晋三前政権の特徴

本書は主として今後の野党のあり方と政治体制を考えることを目的としているのだが、最初に安倍前政権について振り返っておきたい。

安倍前政権の特徴は、戦後まれにみる復古主義的イデオロギー色の強さであろう。安倍前首相は「日本を取り戻す」という主張を掲げていたが、その「取り戻す」べき、日本のモデルを戦前に求めていた。これは日本会議の持っているイデオロギーそのものであった。

安倍前政権はかなり異質なイデオロギー色の濃い政権だった。歴代の自民党政権と比較しても、ここまであからさまに、戦後日本の約束事を反故にした政権はなかった。これは自民党政治の中での保守本流といわれた、かつての宏池会の立場を全く否定するものだったが、宏池会の継承者である岸田文雄氏は、全く安倍氏の路線に抵抗せずに安倍氏に追随した。

これは、私がインタビューを行った元参議院議員の平野貞夫氏も言及されていたが、今の宏池会がかつての池田勇人元首相以来の宏池会ではなくなったということを意味する。安倍前政権の特徴はその特異な政治手法と強すぎるイデオロギー色であったが、安倍前政権下の自民党で進んだことは宏池会の事実上の消滅だった。宏池会の消滅をどの時点に求めるのかは難しいが、岸田氏の前の宏池会会長だった谷垣禎一氏が、自民党総裁だった野党時代に保守色の強い改憲案をまとめていることから、宏池会の終焉は岸田派になってからではなく、谷垣氏の時代に起きていたといえるのかもしれない。

野党時代の自民党の谷垣氏の次の総裁が二回目の登場となった安倍氏であった。安倍氏は総裁に返り咲く前から、自民党の改憲案に自身のグループに近いイデオロギー色の強い条文を入れることに成功していた。その意味では自民党の変質は安倍氏が政権を奪還した二〇一二（平成二四）年一二月よりも前の、民主党政権時代に始まっていたといえるであろう。事実、当時野党だった安倍氏は菅《かん》直人政権のことを「陰湿な左翼政権」と罵り、安倍氏はこの頃から「左翼」への敵対心を表に出していた。そして、その安倍氏を含む安倍氏に近い人々が名乗る政治的立場が「真正保守」であった。この「真正保守」という言葉は亡くなった中川昭一氏や引退した平沼赳夫氏なども好んで使った言葉であり、まさに日本会議の思想的立場であった。

日本会議の思想を一言で要約すれば、戦前の美化と戦後の否定である。日本会議は改憲運動に力を入れているが、その際日本会議にとって最も重要なことは、単に憲法の一つの条文を改正することではない。日本会議の人々は、改憲することによって、彼らが「偽物の時代」であると位置づけているところの「戦後」を否定し、戦前の大日本帝国を美化することを政治的目標としている。したがって、日本会議の人々によって主導される改憲論議に安易に乗ることは、単に憲法の条文をどうするのかという議論の枠を超え、イデオロギー論争、歴史観の論争に発展せざるを得ない。もっといえば、戦後社会そのものの評価という大きな問題にも踏み込まざるを得なくなるのである。

改憲へのあくなき執念が安倍前政権の最も大きな特徴であったのだが、それは戦後民主主義の否定を意味した。さらには、復古主義的な右派思想をもつ安倍氏が、左派・リベラル派の主導した戦後民主主義に敵対的な態度をとるのはすぐに理解できることだとしても、安倍氏の特徴は、戦後の自民党政権の基本路線であった軽武装経済発展路線の吉田（茂）路線（戦後レジーム）までも否定したことであった。

これは、あまり自民党内でも議論されなかったことであるが、安倍前首相は自民党政治のある部分（宏池会のリベラル的な部分と旧田中派の地方重視と平等主義的な側面）を完全に否定したのであった。そして、なかなか自民党支持者にすらも気づかれていなかったことだが、本来の自民党支持者の半分以上を切り捨てて、「新自由主義＋復古主義」を合わせたのが安倍前政権の本質であった。

安倍前首相はしばしば、自民党のことを「立党以来の改憲政党」といっていた。だが、これは事実に反する。実際には自民党は立党以来の改憲政党ではない。改憲派の鳩山一郎系（旧民主党）と護憲派の吉田茂系（旧自由党）が合併（一九五五年・昭和三〇年）して誕生したのが自民党であって、安倍前首相は全くの嘘をまき散らしていた。このことについては、例えば河野洋平氏も証言しているし、中曽根康弘氏と宮澤喜一氏は共に首相経験者の大物政治家だが、二人で『対論　改憲・護憲』（朝日新聞社、一九九七年）という共著を出しているくらいである。いうまでもなく中曽根氏が改憲派、宮澤氏が護憲派だったのだが、自民党内には一つの大きな流れとして結党以来、護憲派の流れもあったのである。

安倍前首相は、現行憲法をアメリカの「押しつけ」とし、祖父・岸信介元首相の宿願を果たそうとした。しかし、本当に岸元首相と安倍前首相が同じ方向だったのかは極めて疑問である。良くも悪くも岸元首相は最終的には対米自立思想を底流に持っていたが、安倍前首相の目指したことは改憲による一層の対米従属であった。本当は岸元首相と安倍前首相は似て非なる存在であったが、安倍前首相の在任中、このことはほとんど誰からも指摘されることはなかった。これについては外交政策について論じる章で詳しく論じたい。

また、いわゆる反知性主義と極右思想の広がり及び権力の私物化ということも、これまでの自民党政権には見ることのできない大きな負の特徴であった。安倍前首相は自身の思想や考え方、政治的な立場を異にする知識人を徹底的に排除した。安倍氏は異論を排除し、政敵を排除し、全く反対派との対話を拒否した。議論を避け、説明を避け、逃げることによって国会は空洞化してしまった。国論を二分する重要法案の多くが国会で反対派の野党と十分に議論することなく、強行採決によって成立させられた。

また、安倍前政権下では物事の単純化と偏狭な愛国心の押し付けも進んだ。そして権力の私物化も進んだのは、メディアを通じて一般の国民もよく知るところである。このことについては、内閣法制局長官の恣意的人事など枚挙にいとまがない。自身の友人のみを優遇し、内閣人事局の設置によって官僚の下僕化も進んだ。いうことを聞く官僚のみが登用されるという現象がみられた。

以上が安倍前首相の特徴であったことは、安倍前首相の支持者でも認めざるを得ないのではないだろうか。これらのことは事実であって、安倍前政権のコアな支持者たちはまさに、今述べたような政権を積極的に支持していたのである。なぜ、こういうことが起きたのかは、今後、政治学者や歴史学者の研究によって、一定の時間をかけて、より精緻な分析が進むことであろう。現段階ではまずは大枠を認識して記録しておく他ない。

もちろん、安倍前政権の続いた約八年弱の間、一度でも安倍前政権を支持した人が皆、右翼ということではない。経済政策のアベノミクスに期待して支持した人もいたであろう。何よりもその前の民主党政権があまりにひどかったということから、消極的支持を一貫して続けたという有権者もいたであろう。新聞の世論調査の項目でいえば「他の内閣よりよさそうだから」というような消極的支持である。また「支持する政党の内閣だから」という項目も世論調査にはあるが、自民党支持者の中の比較的、安倍政権には好意的でなかった人も、民主党よりはましだということで支持をしていたのであろう。

したがって、安倍前政権の支持者を全て戦後民主主義や戦後レジームの批判者と考えることは適切ではないだろう。だが、コアな安倍前政権の支持者に関しては、まさに安倍氏のイデオロギー的な側面こそを支持していたのであった。戦前の日本や大東亜戦争（太平洋戦争という言葉を忌避し敢えて大東亜戦争という言葉を使うこと）をどう見るかという点において、安倍氏と価値観を同じくする人々であった。

（３）菅義偉政権の特徴

さて、では安倍前政権を継承すると称して昨年の九月に登場した菅《すが》義偉政権の特徴は何であろうか。菅首相本人は自民党総裁選でライバルだった石破茂氏や岸田氏に対して、安倍政権の継承を打ち出したが、本当に全てを継承するのであろうか。菅氏は安倍政権の続いた七年八か月間、一貫して官房長官を務めたので、「継承」を掲げることは何も不自然なことではなかった。

しかし、安倍前政権との比較では、菅政権はイデオロギー色についてはかなり薄いとはいえるだろう。菅首相は衆議院議員秘書から政界でのキャリアをスタートし、横浜市議会議員、衆議院議員、総務副大臣、総務大臣、内閣官房長官、総理大臣とのし上がってきた。この政治経歴からみても、目の前の課題を解決することには長けていた実務家であることは間違いないだろう。だが、一方で国家のリーダーに必要な大きな国家観や政治論が全くない。

菅氏には国家観がないということは以前から指摘されていたが、このことは菅氏が首相に就任してさらにはっきりした。官房長官の時から分かる人には分かっていたが、総理大臣になって一気に菅氏の政治家としての基本的な思想のなさが、一般の国民にもテレビの画面を通じて伝わることとなった。その意味では戦前賛美や情緒的な「美しい国」といった発想は菅氏には薄い。菅氏は日本会議的なイデオロギーもそこまでもっている気配はない。

では、菅氏は改憲を仕掛けてこないのだろうか。ここが問題である。必ずしもそうはいいきれない。菅総理には定見がない分、何をしてくるか全くわからないからである。また、復古主義的なイデオロギー色が薄いということがイコールリベラル色が強いとか権力の行使に慎重であることを意味するわけでもない。つまり歴史観や国家観はなくても、手にした権力は十二分に行使するということは権力者には可能だからである。すぐにこの菅氏が持つ特徴的な側面が顕在化したのが、学術会議の会員任命拒否の一件だった。この一件に見られたように、菅首相は、イデオロギー色は薄くても強権的な側面は強い。

そして、菅政権というか菅総理大臣という個人といっても良いのかもしれないが、大きな特徴は安倍前首相風のイデオロギー色は薄い分、露骨に新自由主義色が濃いことである。このことは竹中平蔵氏のあからさまな復権がそれを示している。菅首相には「自分の意見」というものがそこまで明確にないので、竹中氏がそこにまた入り込んでいると見て良いだろう。さらに、野党であっても日本維新の会は「菅派」である。つまり日本維新の会と公明党が事実上の「菅派」と見て良いだろう。

この新自由主義思想の特徴とは、行政の効率化を表に出しながら一方でポピュリズムの手法も使い、全てを市場原理にゆだねるという思想である。菅氏は自民党総裁選に立候補した時に、自分の目指す国家像を「自助」、「共助」、「公助」と述べた。ここまであからさまに、国民の「自助」を強調した総理大臣は初めてであった。これは、政治とは何のために存在するのかという根本的な問題から考えても、極めて危険な発想である。

日本維新の会は閣僚を出していないので形の上では野党ではあるが、事実上の与党といっても良いだろう。日本維新の会は建前上、是々非々といっているが、もともと「新自由主義志向＋改憲志向」の強い政治勢力なので、自民党の中でも復古主義的な安倍前首相や新自由主義的政策を基本とする菅首相とは折り合いが良かった。特に菅政権になって安倍前政権以上に日本維新の会は与党化しているといって良いだろう。これがはっきりと顕在化したのが大阪都構想の住民投票の時であった。

二〇二〇（令和二）年の一一月に住民投票が行われた大阪都構想に自民党大阪府連は反対だったが、菅首相は態度を明確にしなかった。事実上、菅首相は心情的には日本維新の会の側についたのであった。また菅首相は一度目の衆院選に出馬した時には公明党に対して政教分離違反と攻撃したことで知られているが、その後は創価学会とは非常に良い関係を構築しているといわれている。つまりこれまでの自公政権に維新が加わって今の菅体制を作っているといって良いだろう。

さて、この菅政権を野党側は、もう少しいえば野党支持者は、どのように攻めるべきなのだろうか。今はコロナ禍なので与野党どちら側にも攻め手はない。コロナは国民全体に関わることで、野党も政府を追及するだけでは高い支持を得られない。

昨年の三月に最初の緊急事態宣言が出る前は、まだ安倍前政権だった。この時は安倍前首相が緊急事態宣言を出すと、そこから緊急事態条項を憲法に書き入れることが必要だと言い出し、コロナを利用して一気に改憲に進むのではないかというようなことをいう人も左派にはいた。

だが、その後、政治的立場の左右を問わず、誰が何を言い出すか分からない状況になってしまった。最初の緊急事態宣言以降も、どちらかといえば緊急事態宣言を出すことに消極的な政府に対して、野党が命を守るために緊急事態宣言を出せというようなことを言い出し、今では野党緊急事態宣言を解除するというと野党は本当に解除して良いのかと言い出す始末である。野党の言説自体も、政府に対してよく分からなくなってきている。このような状況が続くと、野党及び野党の支持者側も菅政権をどの方面から攻めて良いかが分からなくなってくるだろう。

立憲民主党と共産党も、コロナ対策についてはそれほど国民が驚くような良い政策を提案しているわけでもない。PCR検査をもっと拡大しろとか補償をもっとせよということくらいだ。これは誰しもが思うことである。私は今、逆に以前の民主党政権ならどうだったかと考える。多分、菅内閣のすることとさして大きくは変わらなかったであろうし、やれたことは大同小異だっただろう。だから自民党の支持率が下がっても、野党の支持率も上がってこないのではないだろうか。本当は野党と野党の奮起を期待する有権者は、コロナのことで政府・与党を批判するだけではなく、コロナの後の日本社会のあり方について、腰を据えて考えなければならない。

(4) 本書で考えたいテーマ

本書は最初から主たる読者を野党の支持者と想定して書き進めていくが、安倍前政権から菅政権になったことで、今は野党も自民党を攻めにくくなったと思われる。それは菅政権が善政を敷いているので、文句のつけようがなくなってきたという意味からではない。菅政権があまりに特徴的なことを何もしないからである。何を目指しているのか分からないといっても良いだろう。菅内閣では、安倍前首相風のイデオロギー色が薄くなった分、新自由主義色が強まった。だが、これについてもコロナ禍が続く間は菅政権も露骨には新自由主義色の強い政策は断行しづらくなった。

安倍前政権の時にはまさに改憲か護憲か、戦後民主主義の枠内の約束事を何とか守った範囲で政治を行うか、それとも戦後レジームからの脱却と称して、戦後の自民党政権も守ってきた最低限の約束事から逸脱するのかという究極の問題が問われていた。だが、コロナのこともあるが、これが菅政権では前政権ほどには見えにくくなった。

もちろん、安倍前政権の時も気がつかない人々もいたであろうが、左派の人々はまさにそこを問題視していたし、特に安保法制の強行採決前夜に起きた一連の久々の市民運動の盛り上がりは、安倍前政権の目指す方向性がはっきりしていたからであった。日本会議の人々を始めとするコアな支持層が、何があっても安倍前政権を支持したのと同様、戦後民主主義の価値を守るべきであると考え、いかなることがあっても改憲に反対する人々が安倍前政権に抵抗した。これが、二〇一六（平成二八）年の参議院議員選挙からの国政選挙時において、共産党を含む野党共闘にも発展して行くこととなった。

今度の菅政権は、極論すれば産経保守系統の人々や日本会議の人々も積極的に支持したいと思う程の特徴はない。安倍前政権を褒め続けてきた人々にとっても、菅政権は褒めようがない。一方の野党の支持者――もっと端的にいえば安倍前首相的な価値観だけにはどうしても同調できない左派・リベラル派――も菅政権は、安倍前政権ほどには明確に攻めようがなくなった。

こういう状況が昨年の秋から今年にかけて生まれてきているといって良いだろう。この状況で行き詰っている人は多いと思われる。

そこで本書では今後の菅政権のいかんにかかわらず、今からの野党（とりわけ野党第一党の立憲民主党）が自民党に対してどのような対立軸を作っていくべきかを考えていきたい。まずは今の政治を生み出すこととなった一九九〇年代の政治改革をどう評価するかというところから考察を始める。そして野党第一党である新立憲民主党は今後、どのような支持基盤を構築し、政治思想的にはどのあたりを中心にまとまるべきか、外交政策ではどのような方向性を出して国民に支持を訴えるべきなのかということも考えたい。

第一章　政治改革の評価について
――平成時代の政治改革をどう見るか

1　平成の政治改革に対する三種類の評価について

最初に一九九〇年代の政治改革をどう評価するかという問題から考えていきたい。私は二〇一八（平成三〇）年一一月に『「政治改革」の研究――選挙制度改革による呪縛』（法律文化社）という書籍（以下、前著と記す）を出版している。その中で私は、「90年代の『政治改革』論議の中で導入された小選挙区中心の選挙制度は、人為的に『二大政党制』を生み出し、『政権交代』を起こそうと明確に意図されたものであり、その考え方そのものに大きな問題が内包されており、問題は今日も解決されていない」（吉田、二〇一八年、一頁）と述べている。この本のサブタイトルとなった「選挙制度改革による呪縛」というのは少々、きつ目の表現ではあるが、選挙制度を小選挙区制中心にすることによって、人為的に二大政党制を生み出そうとした考え方に対する批判の意味を含んでいる。

本書では一部、私自身が前著で述べた自身の見解を修正したいとも考えているので、この部分は特に丁寧に論じていきたい。私自身の立場を先に明らかにしておくならば、私自身は今でも小選挙区制中心の現行の選挙制度には批判的であり、また日本も二大政党制を目指すべきとの論調に対しても批判的である。批判的というよりも、二大政党制は日本では根付かないとの結論を自身の中ではっきりと得ている。だが、政権交代可能な政治体制を否定しているというわけではない。議会政治において政権交代は必要だと考えている。政権交代可能な政治体制を目指すことと二大政党制を意図的に目指すことは別のことであると私は考えているが、このことは別の章で論じたい。

本書は「日本政治は五五年体制に戻ってはいけないが、選挙制度改革後の四半世紀は果たして評価できるのだろうか」という大きな問題意識を含んでいる。したがって、まずこのテーマから丹念に考察したい。「今後の日本政治と野党のあり方」を考えるにあたって、「政治改革の評価について」というテーマを外すことはできないからである。

一九九〇年代は日本の元号でいえば平成の初期であった。一九八九年一月八日に元号が昭和から平成に変わった。この年は内外共に大きな出来事のあった年であった。日本では前年の一九八八（昭和六三）年からリクルート事件が起きていた。そして、国内で政治改革を求める声が噴出してきた。日本国内の汚職事件であるリクルート事件と国際政治の歴史的転換点となった冷戦の終結は直接的には何の関係もないのだが、結果としてこの年、一九八九（平成元）年は、六月に天安門事件が起こり、一二月にはベルリンの壁崩壊で米ソ冷戦が終結するなど、世界史的にも大きな出来事の相次ぐ年となった。そして、日本で「政治改革」論議が動き出したのもこの年であった。

政治改革全体を今日の目から再度考察した本として、政治学者待鳥聡史氏の『政治改革再考』（新潮選書、二〇二〇年）がある。待鳥氏はこの本の中で「政治改革」を選挙制度改革に限定せずに、平成の初期からの一五年程度を視野に入れて、あらゆる領域について論じている。私が「政治改革」としていた内容と期間は、待鳥氏の本でいえば「選挙制度改革」の部分だけである。私の関心はほぼこの改革に集中している。その理由は選挙制度改革によって日本の政党の体質や選挙のあり方が変わったのだが、選挙制度改革後の四半世紀が果たして日本の政治の発展のために良かったのだろうかという疑問を長く持っていたからである。この問題意識については別の章で論じるが、「政治改革」期とされる長期にわたる一連の時期に行われた様々な改革の中で、「選挙制度改革」は政党や選挙に与えた影響が最も大きく、重要な改革であったことは間違いがないだろう。

待鳥氏はまず、領域を中央政府の改革と中央政府以外の改革に大きく二つに区分した上で、さらに中央政府の改革を選挙制度改革、内閣機能強化、省庁再編という三つの下位区分に分け、中央政府以外の改革として、司法制度改革、中央銀行改革、地方分権改革を挙げている（待鳥、二〇二〇年、五〇-五一頁）。そして、六つの領域を対象として論じている。

まず、待鳥氏も政治改革の始まった時期については、「順風満帆に見えた日本を取り巻く環境が大きく変わったのは、一九八九年のことであった。この年の一月、昭和天皇は崩御して元号が平成に替わった。（中略）まず生じたのは、リクルート事件の広がりであった」（同、二三頁）と改革の始まりは一九八九（平成元）年頃だったとの認識を示している。この部分については、私も全く同じ認識である。政治学者や評論家などの多くの論者もこの見解には大きな違和感を持つことはないのではないかと思われる。

　そして、政治改革の評価については、「幅広い期待を集めて進められた政治改革であったが、その評価は未だ定まっているとはいえない。とりわけ選挙制度改革に関していえば、二〇〇九年と一二年の二回にわたって、衆議院選挙の結果として与野党の完全な入れ替わりが起こったのは、戦後日本政治における大きな転換点となる出来事であったという評価がある。しかし、選挙制度改革に際して最も強調され、期待されていたはずの、有権者による政権選択を可能にする二大政党間の競争は短い時間しか実現せず、結局は自民党が長期政権を維持する状態に戻ってしまったともいわれる」（同、二九頁）と述べている。

　そして、待鳥氏は著書の中で政治改革に対する三つのタイプの評価を挙げている。その三つとは「熱病論」、「新自由主義論」、「平成デモクラシー論」である（同、三一－三三頁）。熱病論は、「改革は一種のブームあるいは『熱病』であり、根拠や意図が必ずしも判然としないものであった、という立場である」（同、三一頁）と説明されている。新自由主義論は、「政治改革とは新自由主義に基づく社会経済政策を実現する手段であったという立場である。（中略）しかし、政治改革が新自由主義と結びつくという指摘において、より強調されたのは大企業の利益である」（同、三二頁）と説明されている。そして、平成デモクラシー論については、「広範囲にわたる政治改革を一連の動きとして把握し、それが新しい日本政治のあり方の基本構造を作ったというものである」（同、三二頁）と説明されている。

さらに待鳥氏はこの立場の特徴について、「『平成デモクラシー論』と呼ぶべきこの立場は、変革が一九八〇年代から九〇年代の日本を取り巻く国内外の環境変化、すなわち冷戦の終結や、『新中間大衆』と呼ばれた都市のホワイトカラー中間層の増大と、そうした変化に対する政治の応答能力の低下を反映していたと考える。…国内外の環境変化を指摘するという点で、平成デモクラシー論は第二の新自由主義論と共通するが、政治改革を単なる手段とは捉えないこと、そしてアメリカや国内の特定のアクターを利するためという立場はとっていないところに違いがある」（同、三二―三三頁）と説明している。

そして、その上で待鳥氏は、「これら三つの見方は、いずれも肯ける部分を含んでおり、かつ相互に排他的でもない」（同、三三頁）と述べた上で、「現状認識と時代の空気あるいは熱気があり、政治改革の原動力になったことは間違いないだろう」（同、三三頁）としている。だが、待鳥氏は、「同時に、これらの立場が政治改革について語り切れているかといえば、疑問は残る」（同、三三頁）として、「熱病論は、多くのアクターを巻き込む改革につきものの急激な動きを、あまりに強調しすぎている」（同、三三頁）こと、「新自由主義論は、改革の党派性にこだわりすぎて」（同、三四頁）いることを指摘し、「何よりも有権者の多数派が政治改革を好ましく捉えていた。そのような事実を無視して、特定の勢力や立場の利害の反映として改革を描き出すのは、分析ではなく批評あるいはポジショントークであろう」（同、三四頁）と述べている。

また、待鳥氏は、「政治改革を特定個人の考えや動きに帰することもできない」とした上で、「改革の旗振り役としては、しばしば小沢一郎が名指しされる」し、「実際にも、選挙制度改革の過程で小沢が果たした役割は大きい」のだが、「規制緩和論は、…当時の改革志向の政治家たちは、総じて主張していたことであった」（同、三四頁）ことから、特定の個人から政治改革が始まったとする立場には疑問を呈する。

そして、待鳥氏自身としては、「熱病論や新自由主義論と比べれば、平成デモクラシー論は当時の状況認識や選択を考えていく上での最も信頼できる見解である」（同、三五頁）として、自身の立場は、一応は「平成デモクラシー論」に近いということを表明する。だが、待鳥氏は続けて、「しかし、この立場は政治改革に基本理念や設計があったことを強調する余り、広範囲にわたる改革に存在した相互の不整合や、その結果として生じた新しい課題には、十分な目配りをしていないようにも思われる」（同、三五頁）とも述べており、待鳥氏自身も「平成デモクラシー論」に全面的に与しているわけでもない。

そして、自身の最終的な見解として、「政治改革は熱病やブームではなく、また新自由主義の経済政策を展開するための下準備でもなかった。小沢一郎など、特定の個人の関心や力量のみで進められたものでもない。それは、一九八〇年代までの日本の政治・経済・社会に対する考察、その根底にあった近代国家としての日本の来歴、そして未来についての構想に支えられた制度改革の試みであった。改革が目指したものについても、日本の政治行政と社会経済をより近代化あるいは合理化しようという志向、すなわち『近代主義』が共通して存在していたと考えられる。つまり、政治改革には基本的なアイディアとしての『近代主義』が共通して存在していたのである」（同、三八－三九頁）との立場を明らかにしている。

私はこの待鳥氏の本を読み、自身の立場が「熱病論」であったことを再度、認識した。さらに、なぜ私が「熱病論」の立場をとっていたのかについても考え直したが、その背景には「新自由主義論」があったことを再認識した。私は自身の前著においては、そのものずばり『平成デモクラシー——政治改革の25年』（講談社、二〇一三年）という編著書のある佐々木毅氏を「佐々木氏に代表される、90年代の初頭、日本の政界は『政治改革』の実現をめぐって『改革派』と『守旧派』が争っており、『政治改革』への賛否をめぐって政界再編が起こったとする歴史観を『民間政治臨調史観』と名付けることとする」（吉田、二〇一八年、二頁）と批判している。私は「平成デモクラシー論」を一九九〇年代当時に「改革」を主導した民間政治臨調の側からの歴史観であるとの視点から批判的に評していた。

私の立場は待鳥氏の分類によれば、「新自由主義論」に基づく「熱病論」であったという整理ができるであろう。上述したように、私が前著で批判をした立場こそが「平成デモクラシー論」であった。「平成デモクラシー論」と「熱病論」も重なる部分はあり、「熱病論」は他の二つの論とも重なると思われるが、「熱病論」を一部含みつつ、「平成デモクラシー論」に立つか「新自由主義論」に立つかには、やはり対立点があるようだ。

私が「平成デモクラシー論」に対して批判的な立場をとり、「新自由主義論」が背景にある「熱病論」をとった理由は簡単である。端的にいえば、当時からの改革論議を見聞きする中で私は、社会党（的な政治勢力）が壊滅に追い込まれることを危惧していたからであった。政治改革論議はまず自民党・竹下派内の小沢氏から出てきて、さらには五五年体制を突き崩す勢力として注目を浴びた日本新党の細川護熙氏が華々しく登場したことにあらわれているように、いずれも五五年体制時代の「保守・革新」の枠組みでいえば、保守陣営から出てきた。

このこと自体は事実であって、待鳥氏も「日本の政治行政と社会経済をより近代化あるいは合理化しようという志向、すなわち『近代主義』が共通して存在していたと考えられる。つまり、政治改革には基本的なアイディアとしての『近代主義』が共通して存在していたのである」（待鳥、二〇二〇年、三九頁）と述べている。平成の政治改革は一貫して、広義の自由主義者の側によって推し進められ、従来の左派（革新）によって進められたわけではなかった。三つの評価の中で確かに「新自由主義論」は誤ったものであったとしても、当時、社会党の再生との脱皮による政治改革を期待していた人々から見れば、この改革論議は社会党勢力を潰すためのものであると見えていたことも確かであった。あまりこの立場からのみ物事を見過ぎると、待鳥氏が新自由主義論の立場にたった人々が政治改革を批判的に見ていた部分を指摘して「ポジショントーク」としているような評価を受けても仕方がないのかもしれない。

もちろん当時、この側面は全くなかったのかと問われてみれば、私は多少なりとも、この側面はあったとは今でも考えている。また、単純に当時の政界を「改革派」と「守旧派」に分けた当時のメディアのあり方に問題がなかったわけでもない。そして、事実として、社会党の腐敗をそこまで実際には知らない真面目な社会党支持者の中には、社会党が西欧諸国の社会民主主義政党に脱皮することに期待する人々もいた。それらの立場の人々は、ほぼ小選挙区制には反対であった。これはいつまでもぬるま湯に浸かっていたいという堕落した社会党を擁護する立場からということではなく、小選挙区制になれば圧倒的に自民党に有利になることと、その後、徐々に保守二党制に傾斜していくことがある程度まで確実に予測されたからであった。

だが当時、改革論議が出てきたこと自体には必然性があり、そしてそれは、「新自由主義論」の側面が多少はあったとしても、「新自由主義論」からの「熱病」が起きたというのではなく、待鳥氏のいうように、近代主義者によるデモクラシー拡大のための動きが起きたとみる方が、全体的にはバランスのとれた見解であるだろう。

そして当時（一九九〇年代）、思っていた以上に五五年体制は限界に来ていたことと、その理由が自民党の金権政治や派閥政治の腐敗にのみあったのではなく、社会党の側にも同等かそれ以上の腐敗があったことは認めざるを得ない。このようなことは、党派的にものを見ていると見えないだけではなく、政治の実際を見てない人にもなかなか見えなかったことであるのは致し方がない。

2　平成の政治改革の評価と問題点

改めて、現在の段階で平成初期の政治改革をどう評価するかである。まず、五五年体制が限界に達していたということは間違いないであろう。そして、腐敗していたのは五五年体制そのものであって、自民党だけが腐敗していたわけではなかった。つまりは野党の腐敗、とりわけ五五年体制の一方の雄であった社会党の腐敗にも凄まじいものがあった。これを何とかしないといけないと考える人々がでてきたのは当然のことであり、その意味から政治改革論議は必然的に起こったといえるだろう。

私は当時、金権政治による腐敗など問題を抱えていたのは主に自民党であって、野党（特に社会党）はそれほどの問題を抱えていなかったにもかかわらず、自民党のせいで「改革」に巻き込まれたという見方をしていた。もちろん、当時の社会党にも労組依存や政権を獲得する意欲を失いマンネリ政治に堕落しているという問題があったことは十分に認識していた。しかし、私は「『政治とカネ』の問題は、ほぼ自民党の中で起こっていたことであり、自民党の問題を政界全体にまで拡大して、中選挙区制に起因する問題としたのは、いわば論理のすり替えといっても良いことであった」（吉田、二〇一八年、一〇頁）と記述しているように、反省すべきは自民党であったにもかかわらず、なぜ自民党内部の腐敗の問題が、与野党を全て含む政界全体の問題とされたのかという部分に不可解なものを感じていた。

この部分については、確かに従来から学者の著した研究書においても、社会党の長期低落の原因を労組依存体質に求めるものなどは多数あり、左派系（昔の言葉でいえば革新系）の学者であっても、社会党の体質の堕落ぶりに気づき、それを著書で指摘している人もいるにはいた。だが、左派系（革新系）の学者が批判の矛先を向ける第一の対象はあくまでも自民党であったことから、社会党に対して甘かったことは確かであろう。

特に左派系（革新系）の学者たちにとって社会党（とりわけ左派）は、口で主張している理想論や政策については、自分たちの考え方と同じものや近いものであったことからも、いわば身内を批判するようなことはできなかったのかもしれない。やや好意的に解釈するならば、左派系（革新系）の学者も自分たちが肩入れしている政治勢力（政党）と政治家の実態が、そこまで堕落しているものだとは気が付いていなかったのであろう。

一九九〇年代初頭の五五年体制末期には自民党と社会党が一体となって腐敗構造を作り、限界を迎えていた。ここは、いかに五五年体制下で社会党（または広義の野党勢力）を支持していた人々も目を逸らすわけにはいかない部分であろう。本書全体の基本的な立場である「五五年体制には戻ってはいけない」という主張の論拠となるのがこの部分である。

事実、「守旧派」とされた人々はぬるま湯体質の五五年体制の延命を望んでいたであろうし、「改革派」とされた人たちは、「このままではいけない」という大きな問題意識を共有していたことも確かであっただろう。左派（革新派）から改革論議が殆ど出てこなかったことは、新自由主義者による左派潰し、社会党潰しに左派が抵抗したからというよりは、左派があまりに堕落しており、改革のエネルギーを失っていたからであっただろう。待鳥氏の挙げた「熱病論」、「新自由主義論」、「平成デモクラシー論」でいえば、「熱病論」を含んだ「平成デモクラシー論」が妥当であろう。本書は、政治改革について、「平成デモクラシー論」に評価の軸足は移した上での「熱病論」の立場をとることにした。ただし、当時の文脈から考えると、「新自由主義論」に立つ人も全否定はできない。政治改革の結果、左派勢力は著しく減退したので、予め新自由主義政策を実行しやすくするために行われた改革だったと見る人がいることも理解はできる。

そのために、本書では諸手を挙げて「平成デモクラシー論」に立ち、当時の「改革派」を持ち上げて評価することもできない。政治改革の評価をするには、その後の平成の四半世紀の日本政治においてデモクラシーは進展したのだろうかという大きなテーマが横たわっているからである。また、政権交代可能な体制を構築するという時、自民党に代わりうる野党はどうあるべきなのかということだけは、当時もその後の四半期でも十分に論じられているとはいえないからである。

　政治改革論議が盛んに行われた時、日本でも政権交代可能な政治体制の構築を目指すべきだという主張がなされた。だが、この時、自民党に対抗する政党（政治勢力）のイメージや基本理念のあり様については、誰も正面から真剣に議論しようとはしなかった。この問題については、それぞれの政治家や政党、応援団の論者がおのおの我田引水的な発想をした。これを受けた政治の場での権力闘争の結果、日本の政党制はどうなるか分からないという状況の中で一九九〇年代の政治改革論議が進んだ。

　九〇年代の政治改革以降もこの問題はずっと続いた。しかし、このことは、本来的には仕方がないことでもあった。なぜなら、自民党に対抗する政治勢力（政党）をどのように構想するかという問題は、政治の問題そのものであったからである。この問題だけは、政治的に「中立」である誰かが構想して、超越的な見地から政党に押し付けられることではなかった。非自民の政治勢力をどのような勢力にするかという問題は政治そのものの課題であり、この問題だけは、有識者の答申を受けてその通りに進められるような問題ではなかったのである。

　様々な流れがあったものの、大きく分ければ考え方は二つあった。一つは自民党に対抗するもう一つの政治勢力は非自民の保守党であることが望ましいと考える保守二党論である。これは一九九三（平成五）年の自民党離党者で新生党や新進党に参加した人たちに共通の認識であった。もう一つは自民党に対抗する政治勢力は西欧型の社会民主主義政党が理想だと考える保守―社民の二党論である。これは社会党右派出身者に共有されていた認識であった。

当時、前者の代表は小沢一郎氏だと見なされていた。冷戦の終結によって世界的に社会主義が退潮した後、自民党ではないもう一つの保守政党が必要だという考え方は、当時、自民党に失望していた経済界の人々からも支持された。

後者の立場の代表は、当時の連合会長であった山岸章氏や社会党の委員長を務めた山花貞夫氏、または社民連の代表だった江田五月氏などであった。これらの人々は、自民党に対抗するもう一つの政治勢力を非自民の第二保守党に求めるのではなく、脱皮して西欧型社民政党になった社会党に求めた。学者では山口二郎氏がこの勢力のブレーンとして積極的に発言した。

そして、現実の日本政治は紆余曲折の道のりをたどった。自民党と新進党の保守二党が構想された段階では、この構想を是としない人々によって、一九九六（平成八）年、第三極の政治勢力を標榜する第一次民主党が結党された。その後、新進党の解党後はその第一次民主党が保守勢力も糾合しながら、「第三極」から「二大政党の一角」を目指すという流れに移行して行った。当時このことは、政権交代を実現させるべきだという大義名分から考えれば、意味のあることではあった。

だがその結果、第二次民主党は、政党の性格が論者によって異なる政党となった。ある論者は民主党を保守政党と見なした。これは五五年体制の社会党の最左派に残っていた革命勢力がいなくなったという意味では妥当な評価でもあった。だが、ある論者は民主党が西欧型の社民政党として成長することを期待して、そのような政党だと見なした。この見解も保守二党に対抗する形での「第三極」の民主党結党を積極的に推した人々からすれば、それ相応に妥当なものであったと言えるだろう。

結局のところ、自民党に対抗するもう一つの政治勢力のイメージは明らかにならないままに、民主党は大きくなり続けた。その際の合言葉は「政権交代」の四文字だけであった。国民も支援者もとにかく、「政権交代」の四文字以上のことを深くは問わなかった。選挙の時も、民主党内部の不統一についてはあまり問題にされなかった。民主党の中でも「政権交代」後の日本政治のイメージは積極的に議論されたとは言えなかった。最大公約数として共有されていたのは行政の無駄撲滅くらいのものであった。そして、さらに話を複雑にしたのが、民主党が政権交代を起こす六年前に民主党に合流した小沢氏の存在であった。

小沢氏は第二次民主党に合流した後は二〇〇六（平成一八）年に代表に就任し、三年間で民主党を政権交代にまで導いた。だが、その時の小沢氏の政策は九〇年代の新生党や新進党、その後の自由党の頃に掲げていた政策とは異なったものとなっていた。小沢氏によって民主党は政権交代に導かれたにもかかわらず、その前から民主党に参加していた議員は、この小沢路線を否定的にとらえた。そして、それが政権交代直後の民主党の混乱とその後の民主党政権崩壊の原因となった。

今日、九〇年代の政治改革を評価するならば、行き詰っていた五五年体制に終止符を打ったという点では評価できる。だが、五五年体制の後の日本の政治体制についての議論が決定的に欠けていたことは、やはり当時の政治家や論者が反省すべきことであろう。政治勢力の伸長は有権者の判断によるものであるから、予めどのような政党制が望ましいかを構想することは誰にもできない。だが、「改革派」と「守旧派」という言葉がマスコミで躍っていた「熱病」の九〇年代初頭、「改革派」はその改革の中身がどちらの方向を向いたものであるかはもっと明確に議論すべきであっただろう。当時、この複数の「改革派」の目指す方向性がきちんと議論されなかったことが、その後の日本政治の対立軸を極めて理解し難いものとしたことは間違いがない。

この問題意識を持った上で次章では、政治改革論議の起こった一九九〇年代初頭から一貫して政界の中枢に存在し続けている小沢一郎という政治家について考察したい。

第二章　小沢一郎氏とは何であったのか

1　小沢一郎氏について考察することの重要性

現実の政治は理念だけでは進まない。政治は「形式論理で動かないもの」であり、「理想と現実のはざまで行う」ものである。本書の使命は、日本政治は五五年体制に戻ってはいけないが、では野党はどうするべきかを考えることにあり、ここからは現実の政治について論じていきたい。

その際にまず、小沢一郎氏の功罪とは何であったのかについて考えたい。一九八九（平成元）年に当時四七歳の若さで自民党幹事長となった小沢氏も、野党政治家として迎える今年（二〇二一年）で七九歳である。政治は全てシステムで動くと考えている人からすると、過度に個人に焦点を当てることに対しては疑問を呈されるかもしれない。だが、システムを作るのも人間であり、新しいシステムへの改革案を提示するのも個人としての人間である。この視点からみれば、ここで小沢氏とは何であったのかという問題について考えておくべきことは、政治改革の評価、政治改革後の日本政治の評価と今後の日本政治のあり方について考える上では必要なことであろう。

待鳥聡史氏の著書の紹介部分でも確認したように、政治改革は小沢氏という個人の発想からのみ始まったわけではない。政治改革の大きなうねりを生み出したのは時代全体の要請であったというのはその通りであろう。また人物を挙げても、当時小沢氏以外に大きな役割を果たした政治家としては、やはり後藤田正晴氏を挙げなければならない。また待鳥氏のいうように、「政治改革」を狭義の選挙制度改革を初めとする中央政府の改革にとどめずに、地方分権改革や司法制度改革、日銀改革などまで含めるならば、小沢氏の『日本改造計画』（講談社、一九九三年）には日銀改革や司法制度改革などの記述はない。

ちなみに、改めて小沢氏の主著『日本改造計画』の目次を見てみると、内容としては、首相官邸の機能の強化、与党と内閣の一体化、小選挙区制の導入、全国を三〇〇の市に再編することなどが「政治の改革」として提言されている。そして、「普通の国になれ」として、平和創出戦略への転換、国連中心主義の実践、保護主義からの脱却、「アジア・太平洋閣僚会議」の常設、対外援助を積極的に行うことなどが提言されている。この有名な本は一九九三（平成五）年に出版されているが、今日の目をもって読めば、その後、実現されたこともかなり多くある。小沢氏自身によって実現されたこともあるが、他の政権によって実現されたこともある。

さて、司法制度改革や日銀改革まで含めた広義の「政治改革」全体ではなく、選挙制度改革から政権交代可能な日本の議会制民主主義を目指したという部分にフォーカスして見れば、やはり小沢氏の果たした役割は突出して大きかったといっても良いだろう。そして、何よりも小沢氏という個人が特殊なのは、三〇年間ずっと政界で生き残っているという事実である。元号でいえば昭和の末期に自民党竹下派の中で台頭し、平成の時代の全てを通じて政界で主要なポジションに存在し続け（これは野党時代も含めてという意味であるが）、そして現在も現役である。これほど息の長い政治家は、最早、小沢氏以外にいないという状況となった。その意味で、「政治改革は小沢という個人からのみ始まったものではない」のだとしても、小沢氏を抜きにして政治改革以降の日本政治を語れないことは間違いない。

また、ある時代に起きたことについて考えるときに、とりわけ大きな影響を与えた政治家についての評価は非常に重要なことである。五五年体制崩壊後の政治を振り返る時、小沢氏とは結局何であったのかという問いを避けることはできない。そして、この小沢氏とは何だったのかという困難な問いが十分に考え尽くされ、また小沢氏という政治家が十分に理解されていないことが、我々が五五年体制後の三〇年近くの日本政治の総括ができていない理由でもある。

このようにいうと、いくつかのタイプの反論が予想される。代表的な反論は、政治の改革は制度の改革が重要であって、政治家個人についての考察はさほど重要なものではないのではないかというものだろう。あるいは、逆に政治における政治家個人の存在を重視する立場に立つ人の中にも、小沢氏はもう過去の政治家であり、今さら小沢氏について考察することには意味はないと考える人も多いだろう。今後の野党のあり方には関心があっても、人間としての小沢氏個人を理解することと、この三〇年の政界の混迷、五五年体制崩壊後の日本政治の問題の分かりにくさを分析することは別だとお考えの人もいるだろう。

しかし、上述したように私は小沢氏という政治家個人について、その果たした役割、功罪をきちんと考えることは、今後の日本政治とりわけ野党のあり方についてなにがしかのことを考える際に、非常に重要であると考えている。野党支持者の中にも長く「小沢嫌い」の人は多かった。しかも、この「小沢嫌い」の人は俗にいうリベラル派（この言葉をめぐる問題は改めて別の章で論じるが、ここでは端的に従来の左派勢力の人々を指すと理解して頂きたい。本書では私は左派・リベラル派という言葉も使う）のみならず、保守系の人々にも多かった。小沢氏はその手法が剛腕と称されたように強引な部分も確かにあったことから、絶えず政局の中心に存在しながらも、「親小沢」と「反小沢」の対立構造を強いられていた。そして、メディアは小沢氏を好意的に報道しなかった時の方が多かったことも事実もあろう。

もともと反小沢の人や自民党支持者が小沢氏を批判し嫌うことは問題なかったのだが、小沢氏の問題を考える際に考察しなければならないのは、野党支持者の中にも常に一定数以上の小沢アレルギーがあったということである。だが、一九九〇年代初頭の政治の動乱も、二〇〇九（平成二一）年の政権交代も、小沢氏から始まったことは間違いがない。こう断定することにやや語弊があるならば、「小沢氏抜きに起こったということはあり得なかった」といっても良い。

さらには、二〇〇九（平成二一）年に誕生した民主党政権の失敗の理由も小沢氏と無縁ではない。そして、民主党政権の失敗がその後の七年八か月にわたる長期の安倍政権を生み出したのであるから、今後の野党のあり方を考える上でも今一度、小沢氏とは何だったのかということをしっかり考えることは非常に重要なことであろう。

2 小沢氏の功罪

まずは小沢氏の功績から考えていきたい。これは、何といっても戦後の日本政治において、政権交代を二回実現させたことに尽きるであろう。選挙後の多数党による連立政権ではなく、日本でも選挙における政権交代が可能だということを二〇〇九（平成二一）年に一度は証明したこともある。大きな功はこれにつきる。このことは、たとえ小沢氏に批判的な立場、広義の「アンチ小沢」の立場に立つ人々も認めざるを得ない功績であろう。

もちろん、「政権交代などない半永久的自民党政権が理想である」、いや、それどころか議会制自体が不要で「官僚支配が望ましい」といった極論は、議論の射程外にある。本書の議論の大前提として、最低限「デモクラシーは進展していくことが望ましい」、そのためには「健全な議会制民主主義の発展が不可欠だ」という価値観までは押さえておきたい。小沢氏の功績が二回の政権交代を主導したことは多くの人の認める部分であろう。しかも後の一回は、衆議院議員総選挙による完全な与野党の入れ替わりによる政権交代であった。

では、功罪の罪の方はどうであろうか。この部分は小沢氏という政治家が「分かりにくいこと」であろう。この三〇年間、野党時代を含めて小沢氏は絶えず政界の中心にいた。しかし、小沢氏とはどういう政治家なのか、またはどういう政治家だったのかと聞かれれば、ほとんどの人は答えに窮するのではないだろうか。

これは小沢氏の性格や雰囲気が「分かりにくい」からなのだが、小沢自身の主張や政策が広く日本社会から理解されてきたとも言いがたい。小沢氏が台頭した一九九〇年代の初めの時点ですでに、氏がどこまで先を考えていたのか分かりにくい部分があった。また、小沢氏という政治家の分かりにくさこそが、五五年体制崩壊後の日本政治の分かりにくさにそのまま通じることにもなった。

今も小沢氏の政治家としての歴史的な評価はまだ定まっていない。まだ現役だから最終的な評価はできないのだが、それにしても小沢氏には今なお、分かりにくさが付きまとっている。この理由の一つは、九〇年代初頭と民由合併以降で小沢氏は別の主張をしているにもかかわらず、この部分が十分に理解されていないからではないかと思われる。さらには小沢氏への理解は、野党支持者にも十分になされているとは思えない。

今でも小沢氏の主張の大枠の部分は一九九三（平成五）年に出版された『日本改造計画』のままだと考えることもできる。小沢氏は民主党への政権交代の前には『90年代の証言　政権奪取論』（五百旗頭真・伊藤元重・薬師寺克行編、朝日新聞出版、二〇〇六年）というオーラルヒストリーの本を出版している。しかし、小沢氏は民主党政権の失敗後、直接本人が『日本改造計画』を上書きする単行本を出しているわけではないし、短いインタビューに応じることはあっても、自分の考え方がどのタイミングで大きく変わったかということをはっきりと述べているわけでもない。二〇〇三（平成一五）年「民由合併」以前と以後では小沢氏の政策は明確に変わったと考えられるのだが、本人がそのような声明を正式に出したわけではない。

大きく小沢氏の歴史を振り返ると次の通りである。小沢氏は一九六九（昭和四四）年、自民党で衆議院議員に初当選した。一九八九（平成元）年には史上最年少の四七歳で自民党幹事長に就任する。その後、一九九三（平成五）年に新生党を結党して代表幹事となる。一九九四（平成六）年には新進党を結党して代表幹事となり、一九九五（平成七）年には党首となる。一九九八（平成一〇）年に新進党解党後は自由党の党首となる。自由党時代には、自自連立（小渕政権）を組むが、その後野党に転じる。二〇〇三（平成一五）年には「民由合併」で当時の第二次民主党に参加する。二〇〇四（平成一六）年からは民主党副代表、二〇〇六（平成一八）年からは民主党代表となった。

しかし、政権交代直前の二〇〇九（平成二一）年五月には代表を辞任に追い込まれた。同年九月に鳩山由紀夫氏を首班とする民主党中心の三党連立政権が誕生したが、その時は幹事長に就任した。その後、二〇一二（平成二四）年、野田佳彦政権の時に、野田氏のマニフェスト違反を批判し民主党を離党、「国民の生活が第一」を結党する。二〇一三（平成二五）年には生活の党と改名する。その後、二〇一四（平成二六）年には、「生活の党と山本太郎と仲間たち」の共同代表となった。二〇一六（平成二八）年には自由党と改名し、その後、二〇一九（平成三一）年に国民民主党との合併を経て、二〇二〇（令和二）年に現在の新立憲民主党に参加した。

3　小沢氏の「分からなさ」の理由

政党遍歴だけでも転々としていて、小沢氏の主張の変遷はこれだけでは分かりにくいが、はっきりと転換点があるとすれば、やはり先に述べたように二〇〇三（平成一五）年の民由合併の時だろう。この時までも、小沢氏は世間で考えられていた程には新自由主義者ではなかったのかもしれない。だが、世間では『日本改造計画』のイメージが強く構造改革を主張する新自由主義者のさきがけだと見なされていた。しかし、民由合併の時には基本的な立場を変化させ、これ以降、小沢氏は二〇〇七（平成一九）年の参議院選挙、二〇〇九（平成二一）年の衆議院選挙では社会民主主義的な公約を打ち出し、その政策によって民主党は政権を獲得した。

小沢氏自身の中では一貫して、時の政治に対しては「改革派」なのかもしれないが、一九九〇年代初頭の『日本改造計画』の中で主張されていた規制の撤廃や「普通の国論」に見られるように、氏の主張は後の小泉改革の先取りのような新自由主義的な発想も含んでおり、これに対して、民由合併以降の小沢氏は社会民主主義路線に転換した。小沢氏は民由合併の後、三年して民主党の代表になった時に映画『山猫』の中のセリフを引用し、「変わらずに生きのこるためには、自らが変わらなければならない」という挨拶をした。そして、実際に小沢氏は変わった。だが、変わった小沢氏に対して、「小沢氏はバラマキの田中派に戻った」と批判した勢力が当時の民主党の中にいた。これを分かりやすく人物でいえば前原誠司氏、野田佳彦氏、枝野幸男氏らであったが、この対立が後に不幸なことになっていった。

小沢氏は一九九〇年代の新自由主義路線から社会民主主義路線に転じたのだが、その当の民主党がこの路線でまとまり切れなかった。このことは、二〇〇九年（平成二一年）に政権交代した民主党の最大の不幸であった。小沢氏への批判者、つまり前原氏や野田氏、枝野氏に代表された「反小沢」の面々は、小沢氏に対して政策面での変化ではなく、その政治手法で変わることを期待していたのであろうが、小沢氏は政治手法の面では、大きくは変われなかったのかもしれない。このことから、小沢氏への感情的な反発をもつ議員は小沢氏が民主党の代表となった後も、民主党内に反小沢グループを結成していくこととなった。

また、これは小沢氏の個人の責任ではなかったのだが、小沢氏が民由合併によって二〇〇三（平成一五）年に民主党に参加する前にすでに、民主党にはかなりの比率で新自由主義寄りの議員が増えていた。小沢氏が政権を獲得するために社会民主主義的な政策を打ち出しても、これに賛同したのは旧社会党系（当時の横路グループ）や菅直人《かんなおと》氏のグループなどだけであって、先に民主党に参加していた保守系の中堅・若手議員にまでは小沢氏の主張は浸透しなかった。小沢氏が政治改革を旗印に自民党を離党して新生党で戦った一九九三（平成五）年の総選挙で初当選していた五五年体制を経験していない政治家、つまりは自民党にも社会党にも所属したことがなかった政治家がそれなりの当選回数を経て実力をつけてきていたのが民由合併の頃であった。

二〇〇九（平成二一）年の民主党政権では、一九九三（平成五）年総選挙当選組の政治家が要職を占めたが、この政治家たちのほとんどが「反小沢」となっていた。鳩山政権の発足時において主要な政治家で「反小沢」ではなかったのは鳩山氏本人だけであった。このことは小沢氏個人云々というよりは、なぜ、一九九六（平成八年）年に最初に結成された第一次民主党（鳩山由紀夫氏と菅直人氏の共同代表）が、二〇〇九（平成二一）年に政権を獲得した時点では、大きく姿を変えていたのかという問題でもある。確かに小沢氏は途中から遅れて民主党に参加したのだが、小沢氏の側から見るならば、自身が二〇〇六（平成一八）年に代表になった後、二〇〇五（平成一七）年の総選挙で岡田克也氏が小泉純一郎氏率いる自民党に大敗し全く政権獲得可能性のなかった民主党を、参議院選挙、衆議院選挙で連続して勝利に導き、政権交代までの過程を主導したのである。それにもかかわらず、党内の半数以上の議員に「反小沢」として動かれたのは辛いことであっただろう。

小沢氏に絶えず「分かりにくさ」が付きまとったのはとても不幸なことであったが、これは小沢氏自身ももう少し努力をすべきだったのかもしれない。また一九九〇年代初頭にも「改革」を標榜し、二〇〇九（平成二一）年には政権交代も主導した小沢氏であったが、その時々の政権与党との対立軸を自分からもっと分かりやすく説明すべきだったのではないだろうか。特に二〇〇三（平成一五）年の民由合併以降、小沢氏は格差社会への批判を強めていったのだが、もっと明確なメッセージを出すべきだったように思われる。そうしていれば、従来の小沢氏のイメージにとらわれていた多くの野党支持者の中で、小沢氏を応援して良いのか自分でも判断がつかないという複雑な心境の人々を、もっと多く支持者にすることが出来たかもしれない。

先に述べたように二〇〇七（平成一九）年と二〇〇九（平成二一）年は小沢氏が中心に作ったマニフェストで参院選と衆院選に勝って政権を獲得した。しかも、そのマニフェストの内容は社会民主主義的な再分配重視路線であった。にもかかわらず、これに反対する勢力が民主党の中に存在し続けてしまった。ついに野田政権時代、小沢氏はこの勢力に敗北した。このことは、政権交代までに小沢氏の果たした役割の大きさから考えれば、極めて残念なことであっただろう。だが、当時の世論が小沢氏の味方についたとはいえなかった。その理由には、マスコミの報道姿勢だけでなく、小沢氏の説明不足や政治手法にも問題があったのかもしれない。

4　政治家小沢氏の本質——反体制・反権力の政治家か？

もう少し大きく小沢氏という政治家をとらえると、小沢氏は自分の主観の中では一貫して反権力、反体制派の政治家として行動してきたのかもしれない。そして、その理由は父・小沢佐《さ》重喜《えき》氏からの影響が大きかったからではないだろうか。佐重喜氏は岩手県に生まれ、小学校も満足に出ずに奉公に出されたところから身を起こし、新聞配達や人力車夫をしながら苦学力行して中学校に通った。その後弁護士となり、東京市会議員、東京府議会議員を経て戦後最初の衆議院総選挙に出馬して、一九四六（昭和二一）年、衆議院議員に初当選した。その後は運輸大臣（一九四八年）、逓信大臣（一九四九年）、建設大臣（一九五四年）、行政管理庁長官・北海道開発庁長官（一九六〇年）などを歴任した。

小沢氏について書かれた本は枚挙にいとまがないが、近著で注目すべきなのは、元新聞記者の佐藤章氏による『職業政治家　小沢一郎』（朝日新聞出版、二〇二〇年）であろう。この本には複数の関係者のインタビューが含まれているが、小沢氏自身へのインタビューも収録されている。この本の中で小沢氏は父親の佐重喜氏のことについて、「親父は自分の財産を削って政治活動をやっていたから。それでものすごい貧乏な生活、どん底から這い上がったから、財界や官僚にはものすごい反感をもっていた。ぼくも実はそのＤＮＡを継いでるんだけどね。だから、普通二代目というと金の方も後援会の方も父親から引き継いだりするでしょう。ところがぼくは全然引き継いでいない」（佐藤、二〇二〇年、一八五頁）と述べている。また小沢氏は「親父は苦労したと言っても、本当に一番のどん底と言ってもいいようなところから這い上がってきたからね」（同、二〇〇頁）とも述べている。

小沢氏の世間一般からの「分からなさ」の大きな原因は、世間の側が小沢氏を「権力者」（または権力を裏で操る黒幕的政治家）と捉えてきたのに対し、小沢氏自身は、自分は絶えず巨大な権力や大きな体制と戦い続けてきたと思っているからではないだろうか。

世間一般のみならず側近となった政治家にもなかなか理解されなかった小沢氏を最後まで理解できたのは、衆議院事務局職員から後に参議院議員になった平野貞夫氏一人だけであった。世間や側近議員からはずっと分かりにくいと思われてきた小沢氏をなぜ、平野氏だけは誤解することなく、また仲違いすることなく一貫して一緒に行動してきたのか。この理由を知ることによって小沢氏の本質が理解できると思われる。

平野氏には小沢氏そのものについて言及した著書も複数ある。『虚像に囚われた政治家小沢一郎の真実』（講談社＋α文庫、二〇〇七年）や『わが友・小沢一郎』（幻冬舎、二〇〇九年）などである。これらの平野氏の著作を読むことによっても世間で流布されている小沢氏のイメージと実際の小沢氏の間には大きなギャップがあることは理解できる。

小沢氏と平野氏の関係については、平野氏が小沢氏の八年年上で兄貴分である。そして、平野氏は小沢氏を二七歳の時から知っておられて、平野氏が衆議院事務局に就職した時のお目付け役が小沢氏の父、佐重喜氏であった。おそらく、佐重喜氏と小沢氏の両方を知っているのは、ご存命の方ではもう平野氏だけであろう。平野氏は佐重喜氏のこともよく知っておられたからこそ、小沢（一郎）氏を誤解することがなく、仲違いすることもなく政治活動を続けることができたのではないだろうか。つまりは、平野氏は正確に小沢氏を理解していたのだが、それができたのは、佐重喜氏から小沢氏が受けている影響の部分も理解されていたからなのであろう。

佐重喜氏からの影響の強さを考えると、小沢氏は一貫して自分自身を体制側の人間だと考えてはこなかったのではという推測に至る。今、「推測」という控え目な表現をしたが、これはご本人に確認をしていないだけであって、小沢氏自身のインタビューによる発言、短い文章、二〇代の時からの盟友である平野氏の数多くの著書から察するに間違いがないと思われる。小沢氏は常に日本の体制派、エスタブリッシュメント、支配層（官僚と財界に代表される層）に戦いを挑んできた。一時的に勝利をおさめたように見えた時もあったが、長い小沢氏の政治人生をトータルでみれば、圧倒的に敗北の方が多かった。

しかし、この小沢氏と日本の支配体制との長い闘争が有権者から見えにくかったのは、小沢氏が二世議員であったこと、田中角栄元総理に可愛がられたこと、そして四七歳で自民党幹事長になるなど、本人自身は一貫して自民党政治の中のしかも権力の中枢であった田中派の中で若くして頭角を現し、出世してきたことによるのであろう。小沢氏のサイドに立って何よりも悔やまれるのは、本当は味方になってくれたはずの野党陣営の支持者の人々にも一九九三（平成五）年の政治改革期以降、長く誤解され続けたことである。

このように考えれば、史上最年少で自民党の幹事長になったにもかかわらず、自民党を改革できないと考えて自民党を離党したことは小沢氏には必然であり、その後の長い野党暮らしも、小沢氏にとっては必然のことであったのかもしれない。小沢氏は小渕恵三政権時代に一度、自民党との連立に舵を切った時もあったが、それ以外小沢氏は野党側に位置しており、二〇〇九（平成二一）年の政権交代を主導した。

二〇〇九（平成二一）年、ついに実現した政権交代は、細川・羽田政権が短命に終わってから長い時間をかけて満を持してのものだったが、失敗に終わった。このことは小沢氏にとって残念であっただろうし、それ以前に政権交代の直前に西松事件が起きて、総理大臣になる腹を固めた直後に代表辞任に追い込まれたことも残念だったであろう。このことは、小沢自身も率直に「残念だった」と述べている。

このことは小沢氏にとってはただただ不幸なことであったので、ここまでを小沢氏の功罪のうちの「罪」の側に入れ、自分を理解してもらうための努力不足に問題があったとまでいうのは厳し過ぎるであろう。だが、客観的に見れば、この小沢氏の自分自身の主観と世間のイメージが絶えずずれていたこと、それも一貫して何十年もずれ続けてきたことは、小沢氏と国民双方にとって不幸なことであった。そしてこのことが、五五年体制崩壊後の日本政治の混迷と、今も野党が何を目指すかがはっきりとしていないことと無関係ではないと考えざるを得ない。

5　民主党政権時代の小沢氏

民主党政権の失敗の後に小沢氏の肉声の伝わってくるインタビューとしては、『日刊ゲンダイ』の記者である小塚かおる氏による『小沢一郎の権力論』（朝日新書、二〇一七年）がある。この本で小沢氏は自民党田中派時代のことも語っているが、陸山会事件で自分が民主党の中で後ろから鉄砲を撃たれたことについても言及している。

この本の中で民主党政権時代のことを小沢氏が語っているのが、第1章「これが権力のリアリズムだ」の中の「西松・陸山会事件での強制捜査」、「身をもって実感した権力の理不尽さ」、「仲間を切り捨てた民主党」である。この中で、菅（代表・総理大臣）―岡田（幹事長）体制の時、西松事件と陸山会事件に起因した党員資格停止により失脚に追い込まれたことについても語っている。

特に小沢氏の「あの時は民主党も検察と一緒になって、あいつは悪い、悪いって、誰も僕のことをバックアップしようともしないんだもの。ひどいもんだったな。（中略）こっちは絶対、なんも収賄なんかない、無実だと言っていたのに。事実、検察も無茶苦茶な強制捜査をして、訴因変更なんていう無理までしているわけだから、仲間だったら、『そんないい加減な捜査はもうやめろ』と言ってほしかったね。（中略）あの無期限の『党員資格停止』っていうのは、もう『党から出て行け』という話だ。除名と同じだ。（中略）党則にない処分を下すなんてことは、もう民主主義じゃないからね。それは独裁の思想だから」（小塚、二〇一七年、四九-五〇頁）との証言は衝撃的である。

陸山会事件とそれに先立つ西松事件は、小沢氏にとって本当に不幸な事件であった。元々の西松事件は自民党側（麻生政権時）から仕掛けられた事件であったが、それに民主党内の反小沢勢力が加担した。小沢氏は政権交代の前に一度、民主党で代表を辞任に追い込まれたが、それでも完全には失脚せずに政権交代までは果たした。しかし、民主党が政権を獲得した後に、さらに一連の事件として起きた陸山会事件で失脚に追い込まれた。二〇一二（平成二四）年、野田政権の時に民主党を離党して「国民の生活が第一」を結党する。その後は、先に述べた通りの政党遍歴を経て、小沢氏は二〇二〇（令和二）年には、現在の新立憲民主党に参加した。

立憲民主党も国民民主党も双方とも元の党名のまま新党となり、元の代表がそのまままた党首に選出されたので、世間一般では合流した新立憲民主党のインパクトはそれほどにはなかった。だが、小沢氏という政治家個人に着目すれば、所属が弱小野党からまた野党第一党への所属となった。小沢氏が政権担当時（与党時代）を抜いて野党時代だけを考えてみても、野党第一党に所属するのは政権交代前の民主党以来である。

小沢氏の評価はこれまでも様々であり、現代の日本の政治家で小沢氏ほど毀誉褒貶の激しい政治家はいない。小沢氏は二回の政権交代を主導した。だが、細川政権は八か月、鳩山政権は九か月で退陣に追い込まれた。最初の非自民政権は羽田孜政権と合わせても一〇か月であった。民主党政権は鳩山政権の退陣後も菅政権、野田政権と続いたが、菅・野田の両政権は民主党内の反小沢・小沢排除政権であったため、実質小沢氏の主導した政権は鳩山政権だけだった。小沢氏が自民党を打倒して政権交代を成し遂げても、その小沢氏の作った政権は合わせて一九か月程度、二〇か月にも満たなかった。この間、自自公政権で自民党と組んだ時代もあったが、自自公の小渕政権は小沢氏の影響力の強い政権ではなかった。

平成の三〇年間、常に政局の中心にいた小沢氏であるが、三回目の政権交代を起こすことができるのであろうか。一九九三（平成五）年の五五年体制崩壊から平成三〇年間の全ての部分において、小沢氏を抜きに日本の政治は語れない。だが、それでもまだ「小沢一郎氏とは何であったのか」という問題の答えは出せていない。

小沢氏は政策的には民由合併以降は同じ路線を歩んでいるとみて間違いないだろう。年齢的にみて、今回の立憲民主党が小沢氏にとって最後の政党になるのではないだろうか。また、次の総選挙が小沢氏にとって政権交代を賭けた最後の大勝負となるであろう。今後、小沢氏の主導によって三回目の政権交代が果たされたならば、小沢氏には過去の二回の反省を生かして、長期間の非自民政権になるように指導力を発揮して頂きたい。再度述べるが、小沢氏という稀有の政治家が国民に正確に理解されなかったことは、人間小沢一郎・政治家小沢一郎にとっても、日本国民全体にとっても、双方にとって不幸なことであった。しかも、この不幸な出来事は、五五年体制の崩壊から平成期を経て令和の今日まで四半世紀以上、かれこれ三〇年以上にわたって続いている。最後に、小沢氏という極めて分かりにくいが傑出した政治家が、真に国民に理解された上で、小沢氏の指導の下で現実味のある政権交代を起こして頂きたい。もしもそのことが実現したならば、小沢氏への歴史的な評価もまた劇的に変わるのではないだろうか。

第三章　政治の劣化と格差社会

1　五五年体制の問題点

五五年体制とは何であったのか。今後の野党のあり方を考える際にこの問いから逃げることはできないであろう。五五年体制の末期の腐敗には大変なものがあった。これからの日本の政治が五五年体制に戻ってはいけないことは確かである。特に社会党が政権を獲得する意欲を失い、自民党と社会党の間の癒着が常態化して以降のような状況には絶対に戻ってはいけない。

五五年体制（特に後半）の最も悪かった点は、野党に政権を獲得する気がなかったことである。その中での大きな問題は政治のマンネリ化だけでなく、社会党が自民党から活動資金の提供を受けていたことであった。国民の前では与野党が国会で激突しているように見せながら、ある時期、特に佐藤栄作政権の頃からは八百長政治になっていたことは、私がお話を伺った平野貞夫氏の証言でも明らかにされている。

一方、五五年体制崩壊後の政治はどうだったのだろうか。改革後の二〇年から四半世紀に及ぶ日本政治の歩みを考える時、日本政治の質は高まったのであろうか。デモクラシーは徐々にでも進化したのであろうか。この問題について考えると、日本の政治は良くなったということはできないであろう。むしろ、政治の内容、政治家の質の両面から考えて、日本政治は劣化してしまったのではないだろうか。ではなぜ、デモクラシーの進化が求められながらも、実際には日本政治は劣化の一途をたどることとなったのであろうか。

2　政治の劣化と格差社会

政治の劣化と社会格差には相関関係がある。デモクラシーの進展によって社会ができていくが、どのような社会かということによっても政治の質（デモクラシーのあり方）が変わってくるからである。社会格差が広がるとデモクラシーは後退する。

その理由は、社会格差（この場合は特に経済格差という意味であるが）が開きすぎてくると、人々が自由にものを考え、また自由にその意見を表明することができなくなってくるからである。人々は生き残りのために口をつぐむようになる。やはり、格差の少ない社会、中間層の分厚い社会、人々の経済格差がそこまで開いてはいない社会の方が、国全体としてみた時には人々のデモクラシーのレベルが上がってくることは確かであろう。

そうすると、我々はたちまち皮肉なことに気がつく。五五年体制末期の政治の堕落はひどいもであって、五五年体制に戻ってはならないのだが、一方において、この時代は経済格差が比較的小さい時代ではあった。もちろんこれは戦後の高度経済成長期と関係があり、さらにいえば、この昭和の古き良き時代は日本人が頑張ったからではなく、アメリカに与えられたものであったという議論もある。戦後は非常に幸運な時代であり、しかも、それは外的な要因によってもたらされたものであって、日本人自身の努力によるものではなかったという見方はある面では真実であろう。

もちろん、全てアメリカに与えられたというのは極論でもあり、与えられた状況の中で個々の日本人も頑張ったことは確かであろう。実際に日本人が長時間働き、新しい技術を開発したことも事実であって、戦後の復興全部がアメリカのお蔭とまでいうとこれは確かに言い過ぎだろう。しかし、昭和の成功体験を絶対視し、日本人が一生懸命に頑張ったから成功したという考え方もまた、一方的だろう。敗戦というそれまで日本人が体験したことのない未曽有の事態から日本人は立ち上がったが、人々の需要が供給を上回る状況であったことから、その時代は、働けば働くほど多くの割合を占める人々が報われた時代だったのである。

したがって、この高度経済成長期の時代に成功した人々の中にある成功体験に、勤勉の美徳イデオロギーとでもいうものをミックスしたある種の成功譚で今後の若者を導くことには限界が来ている。もちろん、成功者の人生観には学ぶべき普遍的な価値もある半面、成長期の社会に通用した考え方を今の日本人（特に若者）に説教することには慎重でなければならない。

巨視的にみれば、戦後の高度成長は、冷戦という状況下で米軍の傘下に入り、軽武装・経済発展路線を採用できたからこその繁栄であったことまでは間違いない。そう考えれば、五五年体制の下での経済成長自体のみならず、自民党だけではなく社会党陣営の存在、もっと拡大して野党陣営・左派陣営の存在も含めて、アメリカに与えられた民主主義と日米安保の枠内で機能していた政治体制だったともいえる。

全てがアメリカのお蔭とまでいえば言い過ぎだが、アメリカによってもたらされた政治体制(戦後レジーム)によって生まれた戦後日本は幸運な成長を遂げた。そして、その国内の政治体制(五五年体制)は徐々に堕落し、与野党の馴れ合いによる腐敗が広範に批判され終焉を迎えることとなった。

3 戦後民主主義と戦後レジーム

吉田茂路線である「戦後レジーム」と左派・リベラル派の思想家や文化人によって担われた「戦後民主主義」は、実はある程度まで共通の基盤の上に成り立っていたということが、長期の安倍政権を経験した今となってははっきりといえるだろう。五五年体制当時は保守陣営と革新陣営が争っていたので、戦後レジームの担い手と戦後民主主義を標榜する作家や思想家にはほぼ接点はなかった。しかし、八年弱の安倍政権を経験した今にして思えば、「戦後レジーム」と「戦後民主主義」派には多くの共通点があった。

だが、戦後の自民党で主流となった「保守本流」は、戦後になって突然姿を現した路線ということではない。さかのぼると明治以降の自由民権運動からの流れというところに保守の「本流」の意味がある。この流れは、土佐自由党など戦前に遡る自由民権運動の系譜を引くものであった。

一方、戦後民主主義の方は主として左派・リベラル派の思想家、作家、文化人によって主導された。こちらの方は自民党政治を部分的にすら評価せず、トータルで批判していた。そのため、自民党政治の中の保守本流の部分、宏池会的な流れとは接点はほとんどなかった。こちらの流れも戦後になって突然現れたようにも見えるが、一概にそうともいえない。

一見、こちら側の流れはアメリカによってもたらされた「平和憲法」によって、戦後になってから新たに出発した勢力かのようにも見える。特に戦後民主主義の論者らが護憲運動に力を入れ、とりわけ憲法第九条擁護に運動の主眼を置いてきたことを考えれば、この勢力は「保守本流」よりも新しいように思える。この戦後民主主義がしばしば「ポツダム民主主義」などと揶揄されることがあったのだが、これはアメリカによって与えられた受け身の民主主義だったという側面が強かったからであろう。

しかし、戦後民主主義も一方的にアメリカによって与えられたという側面だけでもない。確かにそういった面が強いことも確かであるが、日本は独自に大正デモクラシーまでは到達しており、それが軍部によって中断されたものを、終戦後、またやり直したという解釈も成り立つからである。戦後の日本社会党は戦前の合法無産政党の活動家や政治家によって結党されたように、その系譜は戦前にさかのぼることはできる。

だが、憲法をアメリカが書いたことは紛れもない事実である。戦後民主主義者の理想とした憲法がアメリカ人によって起草されたのであって、日本人自らが書いたわけではない。また「戦後民主主義」の元になった思潮として、軍国主義以前に日本は独自にデモクラシーをある程度の水準まで進めていたという風に考えるならば、「戦後レジーム」の枠組みを作った主要な人物である吉田茂や幣原喜重郎も大正デモクラシーの影響を強く受けている。このように考えれば、「戦後レジーム派」(保守本流)も「戦後民主主義派」(革新派・左派)も戦前には似た経験をしている。民撰議院設立運動から始まった自由民権運動はその後、保守本流の流れとなった。自由民権運動の後、大正時代に起きた大正デモクラシーは労働運動や農民運動に影響を与え、その後の戦後の左派の運動の原型となった。

このように今日の目から考えるならば、戦後の保守(本流)と革新勢力も、さかのぼれば源流は双方とも戦前にあった。時期と担い手は違い、戦前も戦後もこの二つの流れは直接的には交わることはなく、特に戦後は保守(自民党)と革新(社会党)として激しく対立したのだが、この両者は戦前の軍国主義を敵とする点では共通していた。戦前の流れでいえば自由主義者(リベラリスト)と社会主義者である。この二つは交わらなかったが軍部から弾圧されたという意味では共通点があった。また、軍部は社会主義者以上に自由主義者を激しく弾圧したと言われている。社会主義者は転向させれば良いが、自由主義者は「自由」をもって旨としているのでどうしようもないという理由からだったという。

こう考えれば五五年体制をかたち作った一方の雄であった保守（本流）の「戦後レジーム」も革新（左派・リベラル派）の「戦後民主主義」も、共通の基盤の上に成り立っていたということができるだろう。そして、安倍前首相は「戦後レジームからの脱却」を訴えたが、これの意味することは、安倍前首相が目の敵にする「戦後民主主義」の担い手である「左翼」を攻撃すると共に、「戦後レジーム」の担い手であった「保守本流」も否定するというものであった。

今後の立憲民主党は政治思想的な系譜として、どのあたりの立ち位置を目指すべきであろうか。これについては後に詳しく述べるが、先に核心の部分を述べると、戦後の「保守本流」と「戦後民主主義」の思想を継承すれば一つの立ち位置を確保することは出来るであろう。後で論じるように、立憲民主党の立ち位置を五五年体制の頃の政治地図でいえば、宏池会と田中派に代表される戦後の「保守本流」だけで良いとする見解もあるのだが、それでいくと「戦後民主主義」を継承する勢力が全くなくなってしまう。現在の自民党がトータルとして戦後の自民党の良識的な部分すら否定し、戦後民主主義の遺産に至っては「左翼」の一言で攻撃し葬り去ろうとしている現在、どこかの政党（政治勢力）がこの戦後民主主義の系譜も継承しなければならないだろう。

では、五五年体制または、戦後の日本政治というものをどう考えればいいのか。すでに述べたように五五年体制末期の日本政治は腐敗していた。それも短期間だけではない。昭和四〇年代に与野党の癒着は始まっており、腐敗した馴れ合いの八百長政治は三〇年続いた。こういう政治だけには戻ってはならない。このことは、何度強調しても良いことだろう。

4　戦後日本社会の再評価すべきところ

だが、政治の与野党癒着は批判されるべきであるが、時代としてどちらがまだ良かったのだろうか。また、人々があまり意識することではないとしても、戦後の五五年体制の時代と今とを比較して一概に今が良いといえるのかという問題も考えなければならない。政治自体の劣化は五五年体制の崩壊後にも続いているのである。特に政治家が共通して有していた政治というものの使命を、今の政治家は共有しなくなってしまった。我々は五五年体制に戻ってはいけないが、目指すべき社会という視点から考えるならば、中間層の多かった昭和の時代の方が明らかに良い時代だった面もある。ここをどう考えるかは重要な問題である。

五五年体制の時代も良かった部分があったのではないかという角度から、例えば国対政治についても悪いことばかりではなかったのではないかという見方をすることもできる。しかし、私の質問に対して平野貞夫氏が五五年体制（特に昭和四〇年以降）を肯定されることはなかった。

平野氏が決して五五年体制を肯定されないのは、野党が政権与党から金銭をもらっていたからである。実質的に野党は共産党以外には存在せず、共産党は国会で排除されていたから、五五年体制の日本政治は民社党や公明党のような途中から出てきた中道政党のみならず、社会党まで含めて全体が一つの体制を構築してオール与党化していた。

平野氏は私の行った三回目のインタビューで「いい所とか悪い所とかいってはダメで、（戦後は）それしかなかった」ともいわれた。これが良くも悪くも戦後日本のデモクラシーであった。今後の日本政治を考える上でここの部分をどのように考えるかである。私の見解は次の通りである。すなわち、政治のあり様としては、五五年体制に戻ってはいけない。だが、社会のあり様としては、中間層の厚かった時代の日本を取り戻さなければならないというものである。そして、与野党癒着の五五年体制に戻ってはいけないということは、政権を獲得できる現実的な野党勢力を作らなければならないということである。

社会のあり様に関しては、まだ五五年体制の時の方が良いのであれば、政治のあり様も五五年体制に戻ることで良いのではないかという反論もあるかもしれない。だが、五五年体制は与野党の癒着と野党第一党が政権獲得意欲を完全に喪失していたのであるから、この時代をモデルにしてはならない。この時代に戻ってしまうことは、選挙が政権選択の意味を持たなくなるからである。

では、今後の日本ではどのような政治体制を想定すべきだろうか。五五年体制は政権交代がなかったのであるから、政権交代が現実味を帯びる体制を目指さなければならない。といっても、これは現に権力を持っている自民党の側が大局的視野を持って目指すわけはない。一九九〇年代初めの後藤田正晴氏のような政治家は今の自民党内にはいない。後藤田氏は自民党が政権を失う事態になることも想定して政党政治の発展を構想したが、今の自民党にそのような発想をする政治家は一人もいない。それどころか、二〇〇九（平成二一）年に政権交代が起こって以降、自民党はかつて党内にあった多様性を急速に失ってしまった。

5　野党の努力の必要性

結局のところ、次の日本の政治体制がどのようなものになるのか、どのような対立軸を打ち出して政権交代が起きる政治体制を目指すかは、ひとえに野党側の努力にかかっているといっても過言ではない。今、国民・有権者の支持が決して高いとはいえない野党だが、本当のところは野党がどうあるかが、デモクラシーの進展にとってはとても大切なことなのである。野党が政権を獲得するために自民党が知恵を出して協力などしてくれるわけがない。ならば自分たちで考えなくてはならない。

とはいえ、急激に社会の制度を変えることを望む人々は社会の少数派であるから、どうしても政権交代を国民に訴えるにしても、あまりに非現実的過ぎるプログラムを掲げては自民党からの政権交代を求める人々にも受け入れられない。野党は漸進的な変革を進めつつも、目指すべき方向性として現在の自民党とは別のプログラムを示すという、相当難しいことに挑戦しなければならない。社会は急には大きく変わらない方が良いと思っている人々が多数派だという前提だとしても、政権交代は必要だという考え方に立つならば、もう一つの自民党が存在するというイメージも考え得る選択肢ではある。政策は大きくは変わらないが担い手が変わることで政治の腐敗を防ぎ、政治と行政の癒着を防ぐという方法もなくはない。

だが、自民党と同じような政党が二つできて政権交代することが望ましいとは考えられない。象徴的にいうならば議会内二分の一勢力を目指すためだけにまた非自民・非共産がまとまるという、かつての民主党のような政党を作ることには全く意味がない。この理由は、「担い手」だけが変わっても政策が変わらなければ、政権交代を起こすことに意味はないからである。赤組と白組の政権交代であれば、定期的に起きても意味がないのである。自民党内で総裁が変わる疑似政権交代と何も変わらないからである。せいぜい、前政権の汚職と癒着の構造を暴き出すことだけが政権交代の意義になるであろう。そのようなことをするくらいであれば、野党側は自民党とは別の思想に基づく政策体系を準備して、実現は遠くとも国民の選択肢となる三分の一勢力を確保した方がまだ存在意義があるとも考えられる。

とはいえ、この「野党三分の一論」は結果として、私が「戻ってはいけない」と述べた五五年体制への逆戻りを意味しているので、積極的に「野党三分の一」論を掲げることは控えなくてはならない。だが、私が政権交代可能なシステムが良い、野党はすべからく政権を目指すべきであるとは言い切れず、場合によっては三分の一勢力を目指すよりも三分の一勢力を確保する方が良いという意見を捨てきれないのは、五五年体制崩壊後の二〇年で起きた野党第一党づくりがあまりに無原則でひどかったからである。一九九六（平成八）年に鳩山由紀夫氏と菅直人氏による最初の民主党ができてから、二〇〇九（平成二一）年に政権を獲得した民主党ができるまでのプロセスを私は実際に間近に見てきたが、同じことを繰り返すことへは強烈な抵抗感がある。

端的にいえば、民主党が変質したのは、新自由主義者や日米同盟の強化を絶対視する議員、原発推進の議員など、保守系と連合の中の同盟系の議員を受け入れたからであった。タイミングでいえば、大きく民主党の性格が変わったのは第二次民主党以降である。もちろん、一九九六（平成八）年の最初の民主党の時から保守派の議員はいたが、まだ全体としては自民党との違いが出せていた。社会党でもなく自民党でもない政党を目指して一九九六（平成八）年に結党された民主党のキャッチコピーは「市民が主役の民主党」であった。この「市民が主役」という都市型政党の性格の野党では三分の一の壁を超えることができなかったのだが、その後、合併を繰り返していった結果、民主党は自民党と何が違うのか全く分からない政党となった。

第二次民主党は、その後も様々な政治家志望者で、主として選挙区事情から自民党から出馬できないものを大量に受け入れた。事情は地方議員でも同じであった。旧民主党の中には昔の民社党から来た極めてタカ派的な思想を持つ人まで包含してしまった。自民党にもいないほどのタカ派や戦前回帰思想をもつ議員まで「民主党」の枠内に入れたのが第二次民主党の時であった。この「大同団結」が自民党と対抗するために組織の足腰を強めたのであれば、まだそれ相応の意味はあったのかもしれない。だが、実際には「大同団結」した民主党は日本社会の全国津々浦々に根を張れたわけでもなかった。要は参加した議員・議員候補者のイデオロギーと政策が保守化しただけであった。

第三次民主党は小沢氏の自由党との合併だったが、この時の小沢氏は先の章で論じたようにすでに社会民主主義路線に転換していた。それゆえに、小沢氏と自由党議員の加入はさらなる「保守化」を進めたのではなく、むしろ「社民化」を進めることとなった。ほとんどの人が論じないが、民主党政権の失敗は、政権交代だけが目的となった非自民・非共産の「野党第一党」作りのプロセスにあったのである。いくら「政権を目指さない政党はネズミを捕らない猫と同じ」だという言説を聞いても、「では政権さえ目指せば自民党と同じで良いのか」という問いは常に意識しなくてはならない。

五五年体制に戻らずに、政権交代の可能性のある政治システムを模索しつつも、国全体としては、五五年体制の時代に一時期実現したような分厚い中間層に支えられた日本を取り戻し、格差社会を解消することによって政治の劣化をどう食い止めるかということが、これからの日本政治において最も大事な課題であろう。

デモクラシーの発展のためには、政治に関与する人が増えなければならない。政治に積極的に参画する人々が増えなければデモクラシーは進化しない。とすれば、国民が極力、経済的には格差の少ない状態であることが望ましい。もちろん、経済的格差が少ない社会になっても、社会のあり方についての意見の対立や相違点は残る。そこに政治の出番がある。だが、政治全体の成熟、熟議のデモクラシーを実現するには、思想信条の問題など人間の内面には公権力は関与しないが、まずは経済的格差だけはなくすという方向で政治指導者同士が合意しないとそのような状況にはならないだろう。

ここで思い起されるのは、平野氏の「昔は保守も革新も共通の基盤に立っていた」というお話である。昔は保守にも革新（左派）にも政治の役割は何らかの形で人間の平等を実現する、格差を無くしていくという共通の理解があったのである。これは実際にある時期まではそうだったのであろう。現実の社会には多くの不平等や不公正があるからこそ、政治が必要とされるのである。いかなる格差があっても良いというのであれば、政治は不要で全ては経済の論理で社会がまわっていくこととなる。今、現実の日本社会は新自由主義の席巻でそうなってしまった。

日本の場合には保守勢力は明治の自由民権運動の流れからはじまった。このこともあって、保守政治家といえども、率先して社会的格差を拡大するとか、貧しい人と豊かな人の差を広げることや豊かな人をより豊かにして特権階級の代理人になることを政治信条としていた人はいなかった。左派、つまりは戦前でいえば無産政党であり、戦後でいえば革新勢力を指すのだが、この勢力と保守勢力との違いは手法や順番だけであった。保守と革新の間には急進的にやるか漸進的にやるか、より都市の労働者に基盤を置いているか農村の共同体に基盤を置いているかの違いはあった。だが、目指すべき方向性については底流で合意があったのである。それが完全に崩れたのが現代なのである。この問題は本当は野党だけではなく、政治家、政党全体が考え直すべきテーマである。

しかし、現実には自民党側は新自由主義者にほぼ乗っ取られている。しかもこの流れにストップをかけようとする政治家は排除され、当面、有力な政治家の中に反新自由主義を掲げる政治家は見当たらない。こう考えると野党の役割は案外、難しく考えることなく、まずは「政治の本来の役割を取り戻す」という程度で良いのかもしれない。先に「保守本流」と「戦後民主主義」の思想的系譜の二つを継承したような理念が必要だと述べたが、もっと易しくいえば「捨て去られた政治の本来の役割を取り戻す」といって良いのかもしれない。

野党といえば昔からイデオロギー闘争のイメージが付きまとう。特に社会党の左右対立には激しいものがあった。しかし、今は自民党側がほぼ新自由主義プラス復古主義的価値観で統一されようとしており（これは小泉政権時代に始まった新自由主義と安倍前政権時代に急速に復権した復古主義的イデオロギーの合体によるものだ）、野党は特段に激しいイデオロギー闘争の必要もなく、戦後に何とか確立された価値観を守るという部分と政治本来の役割を果たすという程度の緩い合意で十分に自民党側に対抗できるとも考えられる。

そう考えると、最初の立憲民主党は「まっとうな政治」や「お互いさまに支え合う」というキャッチコピーを掲げて、さほどの左派色やイデオロギーを連想させる色を出していなかったが、この「まっとうさ」と「支え合う社会」を作ることこそが政治の責任であり、新自由主義による弱肉強食社会と、戦前賛美および近隣諸国への警戒感を過度に煽ることによる戦争参加への道には反対するという二点で十分のようにも思える。第二次から第四次の長期の安倍政権の目指したものは、戦後民主主義のみならず保守本流政治の破壊でもあった。その目的が対米自立ならまだしも、安倍氏の進めたことは改憲によるより一層の対米従属と新自由主義による格差拡大であった。野党勢力はここを突くべきであった。

第二次安倍政権の政治は格差をそのまま放置するどころか、さらに貧困層を生み出し切り捨てる方向であった。したがって、先ほどの二点を重視して、旧来の自民党支持者にも「もう自民党は昔の皆さんが信用していた時代の自民党ではありませんよ」ということを説き続けることが重要なのかもしれない。この二点で野党第一党である新立憲民主党が二分の一勢力を目指すなら、おおいに意味のあることであろう。

今回の新立憲民主党の綱領を読めば、この方向性は出ている。したがって、さらなる日米同盟の強化とか経済成長のためにさらなる行政改革が必要だとか、規制緩和によるいっそうの競争で経済成長をと説くような政治家は立憲民主党には入党して来にくくはなった。だが、政権獲得が近づいてくると、どのような人物が立候補目当てに入党してくるかは分からない。今後、立憲民主党は日本維新の会や国民民主党と同じ主張をする人物を選挙で公認しないよう、正確に見分ける必要がある。

6　二分の一勢力か三分の一勢力か

今度の立憲民主党は原発の部分などは左派色が強まった面もあるが、同時に昔の農村共同体を取り戻すような部分を重視する方向性が出ている。この方向で二分の一勢力を目指すなら意味のあることであるが、政権政党を目指す過程で、選挙区事情から自民党から立候補できない政治家志望者の野心家の中にかなりの比率で潜んでいる新自由主義者や日米同盟絶対論者、復古主義的思想をもち戦前賛美の歴史観を持っている人も入ってこないとは限らない。こういう人を受け入れれば、何のための野党なのか、何のための政権交代なのかがまた曖昧になってくる。政権交代が近づけばまた以前の民主党のようなことが起きる可能性があるだろう。もしそうなるくらいであれば、三分の一勢力でいることの方が、野党としては存在価値があるとも考えられる。

立憲民主党が二分の一勢力を目指すべきか否かについての詳細な議論は別の節に譲るが、政治劣化を食い止めるには、最低限、一度はかなり良い所まで行きつつあった中間層の厚い社会を取り戻す必要がある。そのために、現在生まれてしまった経済格差をまずは徐々に解消していくことを、政治家とりわけ野党政治家と活動家は意識しなければならない。

反新自由主義と戦後の憲法に明記されている最低限度の約束事を守るという二点だけでも、野党はまとまれるかもしれない。だが、この二つを訴えることすら今では難しい。それほどまでにこの二〇年弱で日本社会は変質してしまったからである。特に第二次から第四次の安倍政権の八年弱で権力や体制派にものを申すこと自体が「危険人物」だというレッテルを貼られる風潮が社会のあちこちで生まれた。このことは、政治への無関心を助長したという意味でも問題なのだが、さらには、自分の働いている職場で経営者や上司に意見をいうことすらはばかられる風潮を生んだ。これは元々、日本が「忖度社会」だからという理由からだけではなく、実際に非正規雇用や任期付き雇用など立場の弱い被雇用者の労働者全体に占める割合が格段に増えたこととも関係がある。雇用が保障されていても、元から日本は「忖度社会」であった。それが今では弱い立場の人々は、自分を守るためにもっと「忖度」しなければ生きていけない風潮がさらにあちこちで蔓延することとなった。

今、経済的に弱者である人はそもそも雇用が安定していないのが一般的である。そういう人は必然的に自分を守るために経営者や上役の顔色を窺わざるを得ない。そして、日常的に自分自身の本心を押し殺していく。そして、さらに悪いことに、多少なりとも自己主張をする人や、憲法上または法律上は保障されているはずの当然の要求をする人が「危険人物」と見なされる。

そして、日常的に労働者間に分断が起きる。生き残りを考えざるを得ない弱い立場の人々同士の間に連帯は生まれず、自身の生き残りを考える弱い個人同士に分断が起きる。

弱い立場の人々の連帯は確かに、たまにインターネットを介して起こることもある。だが、現実社会で人々の職場の雰囲気を変えるような動きに発展することはない。そして、自分が助かることを目指す人は当然の「努力」をしている人間とみなされ評価される。「自分磨き」やコミュニケーション能力のアップのための「努力」が良いこととして推奨される。こういう社会が長く続きすぎると、個々人は生き残りのための「自分磨き」のみに集中し、自立した個々人が自由に考えて意見を主張できるデモクラシーを回復することはもう無理になってくる。

その結果、弱者の立場にある人までもが、現実には自分自身の価値観の中に新自由主義的な価値観を刷り込まれていく。これでは社会から経済格差を縮小していこうという動きは起こってこない。まずは社会の格差を解消しなければデモクラシーは戻ってこない。したがって政治の劣化も止められない。政治の側からの働きかけで社会を全部変えることも難しいが、政治の側（政党や政治家）の働きかけなしに社会の中の弱い個人から勝手に社会が変わり始めることも、実際には難しいだろう。かくして格差社会とその結果としての政治の劣化、デモクラシーの退潮と政治家の劣化の負のスパイラルがいつまでも続くことになる。だが、どこかでこの負のスパイラルに終止符を打つ必要がある。

この問題は、本当は全政党と政治家全員が考えるべきことである。だが、現状の自民党の政治家に対しては、経済格差解消と政治劣化を止めるという意識を持つことは全く期待できない。

それゆえに、まだ理想を掲げる余地のある野党の政治家が特に意識することを期待したい。

第四章　立憲民主党の目指すべき方向と支持基盤について考える

1　二〇二〇年の野党再編について

二〇二〇（令和二）年七月中旬、旧立憲民主党と旧国民民主党の合流の話が持ち上がった。これは、またもや自民党に対抗するには非自民・非共産勢力はまとまらなければならないという考え方から起こった動きであった。希望の党の排除騒動からまだわずか三年弱しか経っていないにもかかわらず、またもや大同団結論が復活したのであった。

この時の大同団結論議も、いつかみた風景、デジャヴであった。それは民進党であり、民由合併による第三次民主党であり、もっとさかのぼれば第二次民主党の合流であった。何回、同じことをしてきたのか分からないくらいである。何度もこの勢力は分裂と合併を繰り返してきた。だが、なぜこのようなことが繰り返されてきたのかは、充分に議論されてきたとはいえない。合同の後に分裂が起きてきた原因は、憲法、安保・外交問題、エネルギー問題などの国家の基本政策で幅のありすぎる政治家を無理やり一つの政党に入れようとしてきたからである。

選挙のための大同団結論が勝ったことにより、これが延々と繰り返されてきた。

しかし、二〇二〇（令和二）年九月には旧国民民主党が分党することとなった。旧国民民主党の玉木雄一郎代表や前原誠司元外相は合流新党へは参加しないこととなった。あまり注目されたとはいえないニュースであったが、このことは実は大きな意味を持つ出来事であった。玉木氏や前原氏は「理念の合わない政党には参加できない」といっていたが、そもそも玉木氏や前原氏のような立場に立つ議員が野党サイドにいて、「大きな塊を作る」などといっていたこと自体がおかしかったのである。また電力総連などの連合の六つの産別は合流新党への不支持を表明した。

その後、新立憲民主党の枝野幸男代表と連合の神津里季生会長が会談し、新立憲民主党、新国民民主党、連合による「理念文書」なるものが確認された。この文書の中では「原発ゼロ」の文言が抜かれ、「改革中道」などという全く意味不明の文言が盛り込まれていた。この言葉は国民民主党の路線を表す言葉である。また連合（同盟系）の盛り返しがあった。だが、これ以上、連合内の同盟系に安保・外交、エネルギー政策で譲れば、新しい立憲民主党も結党後早晩、分裂の危機を迎えるであろう。仮に次の総選挙で躍進するか、政権交代の可能性が出てきても、分裂の可能性を絶えず孕んだ政党になるだろう。

すでに五五年体制が崩壊してから、二〇二一（令和三）年で二八年目である。四半世紀以上の時間が経ったことになる。平成の三〇年間のうち二五年間はずっと政界再編が続いた。特に野党側の離合集散は激しかった。この間、二〇〇九（平成二一）年には自民党・公明党の連立政権から民主党を中心とする連立政権への政権交代があった。そして、二〇一二（平成二四）年にまた自民党・公明党へ政権が戻った。二回の政権交代が起こり、この間、何度も政界再編が繰り返された。しかも、その政界再編は主に「野党再編」の連続であった。

しかし、五五年体制の崩壊後、それになり代わる新しい政治体制は出現しなかった。定期的に政権交代が繰り返されるという新しい体制も現在のところ出現していない。もちろん、この間にも様々な対立軸らしきものはあった。小泉純一郎首相の時代には「改革」が叫ばれ、「改革派」と「守旧派」の闘いが演じられた（かのように見えた）。しかし、新自由主義による効率優先の改革の弊害が目に見える形で顕在化してからは、この対立軸も徐々に色あせてきた。

そもそも二〇〇九（平成二一）年の民主党への政権交代は、小泉政権時代の新自由主義的な諸改革の弊害が出てきたことによるものでもあった。一方においては、当時の民主党内にも「自民党ではできない改革」を主張する人々もいた。例えば前原氏などはそのような立場であった。だが、民主党が政権を獲得した二〇〇九（平成二一）年の衆議院選挙とその二年前の二〇〇七（平成一九）年の参議院選挙のマニフェストは、「さらなる改革のスピード化」などを主張するものではなく、小泉時代の政策によって生まれた格差是正を訴えるものであった。

その民主党政権も、菅《かん》直人政権では大きく政策を転換した。野田佳彦政権（副総理は岡田克也氏）に至っては、外交政策も経済政策も自民党政権に戻ったようなものであった。野田政権は政権交代選挙のマニフェストを全て破棄した。野田首相は社会保障の立て直しを建前にして、財務省の意向を代弁して消費税増税を決定した。それだけならまだしも、政権交代の立役者であり、マニフェストの破棄による政策変更に反対した小沢一郎氏を離党に追い込んだ。だが、民主党政権が自民党政権と見分けのつかないような政権になったからといって、有権者・国民は「自民党化」した民主党に対して、ある種の安心感をいだいたというわけではなかった。

民主党政権の政策は菅《かん》政権と野田政権では自民党に近づいたが、長くは続かなかった。民主党政権は菅政権と野田政権では日米同盟の最重視、TPP交渉への参加、消費税増税など、あたかもそれまでの自民党政権と同じ政策に転換した。だが、全体として民主党政権は失敗と見なされた。そして、民主党政権が失敗に終わった後は、再登板した第二次から第四次の安倍政権が戦後最長の政権となった。

五五年体制の崩壊後、政党間の対立軸が明確に姿を現さないのはなぜであろうか。その時々には軸らしきものはあったが、それは中長期的に見て、政党または政治グループ（政党連合）を二つに分ける軸とはならなかった。一つは自民党が大き過ぎて雑多な勢力が今も混在していることも大きな原因であるが、もっと大きな原因があると考えられる。それは野党側にも新自由主義者と対米従属（日米安保絶対論者）派が数多くまぎれ込んだからである。

野党側にいる「保守政治家」が、地方を選挙区とする反新自由主義者や第一次産業の保護を訴えるかつての素朴な保守に近い人々だけであれば、まだ野党もまとまり易かったかもしれない。いわばこの人々は保守本流といって良い人々である。自民党が新自由主義のいわゆる「改革路線」を進めれば進めるほど、ここに一つの対立軸が生まれる余地はあった。一時期存在した国民新党はこの立場であった。この勢力は基本的に社会的弱者の側に立っており、競争によって取り残される人々を安易に切り捨てる市場の論理のみで政治が動いてはいけないと考える側である。また、当然ながら、分配の政治を是とするグループである。

だが、実際には、全体が新自由主義に舵を切った自民党に対し、かつての田中派のように地方を重視する勢力と、かつての宏池会のように戦後体制と現行憲法の理念を是とするグループがまとまり、穏健保守として野党側に位置して軸を形成するということにはならなかった。このようになっていれば、この勢力に旧社会党系の流れの大半も合流し、ある程度までは国民が選択しやすい軸はできたかもしれない。

そもそも自民党の中にはしばらくの間は穏健保守派も残っていたので、野党が自らの立ち位置を穏健保守と規定することは難しかったのかもしれない。だが、問題は旧民主党にいた新自由主義者と対米従属（日米安保絶対論者）派が野党側にそのままいたことである。この人々は押し並べてエネルギー政策においては原発賛成（推進）であり、連合の中の同盟系に支持されており、経団連の批判も一切しない。また、第一次産業を切り捨てることに対しても痛みを感じない人々である。安全保障政策においては、日米同盟を絶対視し声高に中国脅威論を訴える。要するに小泉政権以降の自民党の主流と同じカテゴリーに入る議員である。

民主党の中に一定の幅があるという程度ならばまだ良かった。目指すべき方向性は同じだが、順序や手順に意見の違いがあったという程度なのであれば、一つの政党として何とか成立したであろう。それであれば「多様性」という説明で有権者を納得させることもできた。問題は、端と端を見れば真逆の政策を掲げる政治家が同じ政党に同居してきたことである。改憲派と護憲派、原発即時廃止派と原発推進派、格差是正派と格差の拡大を是認し自己責任社会を良きものとして喧伝する人々、日米同盟を絶対視し沖縄の基地の犠牲は仕方がないとする人々と外交の軸足を東アジア外交に移しアメリカとも適度な距離を取るべきだと考える人々が、同じ政党に同居してきた。

このような政党が「非自民」のみで結党されても長続きするわけはなかった。この矛盾が一気に噴出したのは、民主党が政権を獲得した後であった。特に菅《かん》政権から野田政権では小沢氏が主導した政権交代選挙時のマニフェストが否定され、党内は分裂した。小沢氏は離党にまで追い込まれた。そして、二回目に大きな矛盾が噴出したのは、二〇一七（平成二九）年の総選挙の直前に起こった希望の党騒動の時であった。小池百合子氏の「安保法制に反対するものは受け入れない」という排除発言で民進党は分裂した。

四半世紀以上も続く不毛な野党再編をやめるには、本当は再度の選挙制度改革しかない。幅の広すぎる野党第一党を無理に作るインセンティブの働かない、穏健な多党制を可能とする制度に戻すことしかないのである。現行の選挙制度を続ける限り、いつでも「大同団結論」と

「二大政党論」が復活してくる可能性がある。だが、その「大同団結」した野党も選挙で負け続け、長期にわたって政権を窺えないと分かってくるとまた内部で分裂するだろう。逆に何らかの幸運で選挙で風が吹いて無党派層を取り込み政権の獲得に成功した場合には、民主党政権のように政権が始まってから内部分裂する可能性も常に孕んでいる。

現実の利害だけではなく、政策の実現までの時間を短期で考えるか長期で考えるかによっても人々の政治的立場は変わる。原発問題にしても目先の利害で考えるか、五〇年、一〇〇年の時間軸で考えるかで立場は変わってくる。東アジア共同体構想も現実への対処だけを考えるか、かなり長い時間軸で理念の実現を目指すかで取るべき政策も立場も変わってくる。憲法第九条の具現化も長く目指していくべき目標と考えるか、そうでないかで立場も変わる。一つのテーマでも近視眼的に今の現実を前提に考えるか、理想主義を根底に据えて長い時間軸でものを考えるかで政治的な立場はかなり違ってくる。

2　五五年体制の政治的遺産から考える

こう考えると野党は自民党に対して理想主義的でやや長期の時間軸で政策を作り、目指すべき方向性を示すということでまとまる可能性もなくはない。政治には人類社会が目指すべき理想を掲げることも必要だという立場に立つならば、野党は国家の外交やエネルギー政策などの基本的なありようなどについては、あまりに現実的過ぎない、目指すべき方向性を示すことも必要であろう。自民党と同じことをいっていれば、選挙で有権者に選択肢を提示できなくなるからである。

また、同じ政党が二つ存在しても、選挙は事実上意味をなさなくなる。政権の担い手が代わっても、国民の選択肢はなくなるからである。端的にいえば玉木氏が「改革中道」とこだわった国民民主党の路線であれば、自民党政権に対する選択肢は示しようがないのである。これをいうなら、自民党の中に潜り込むか、自民党の外からさらに自民党を右に引っ張るという立ち位置に行くしかない。

これは五五年体制でいえば「民社党の政策で自民党を倒しにいく」というようなものであって、極めて非現実的な話なのである。当時の民社党や現在の国民民主党は、そもそも自民党の補完勢力にしかなりえない政策を掲げていたのであるから、この路線が中心となった「大きな塊」など、そもそも想定のしようがないのである。それでも野党の中の「大きな塊」に入りたいのなら、少数派として第一党の中の一部分でおとなしくしておくしかない。その独自の主張を野党内ですれば、内部分裂するのは当然の帰結であった。野党は目指すべき方向性において自民党とはいくつかの面で別の方向性を示さなければ、存在する意味がなくなるのである。

だが、一方においては、政治は常に現実でもある。五五年体制で安保廃棄を掲げていた社会党も村山富市政権では日米安保条約を容認した。また政権交代で首相となった鳩山由紀夫氏も普天間問題では野党時代の主張は一切実現できなかった。このように、あまりに実現不可能なことを政策に掲げていても、それは実際の選択肢を選挙で有権者に掲げることとはならない。その意味では、野党も理想だけを羅列し、それを基本政策と称することには極めて慎重にならなければならない。実現可能性のある範囲内で、しかし、自民党とは違った選択肢を明確に示すことが野党の存在する意義であろう。

明確に顕在化してきているとは言い難いが、自公政権との対比という意味でいえば、「大日本主義」か「小日本主義」かという対立軸で、野党勢力が小日本主義的な政策でまとまるということも考えられないわけでもない。規制緩和によりさらに競争を重視し、人口減になっているにもかかわらず大国を目指し続ける路線と、かつての石橋湛山のように慎ましやかで適正規模の小日本を目指す勢力に分かれれば、ある程度までは対立軸が示せる可能性もある。だがこれも、野党勢力の中に「成長」や「競争」を重視する政治家がいなくなったともいえない以上、明確な軸として有権者の前に顕在化させられるかどうかは見通せない。

五五年体制崩壊後の四半世紀に及ぶ政治の混乱を考えると、今後の日本政治の目指すべき方向性を明確に提示するのは困難である。では、自民党が変幻自在に変化する中で野党はどのような軸で結集すべきなのか。このことはとても難しいのだが、大きな方向性として、ここ数年、自民党が全体として新自由主義と復古調の戦前回帰思想に統一されてきていることは確かであろうから、野党はその反対側で足並みをそろえ、もう一つの選択肢を有権者に示すしかないのではないだろうか。

規制緩和による果てしない競争を是とする新自由主義に対しては、徹底的に経済的格差の是正を目指し、戦前回帰の復古調のナショナリズムの台頭に対しては、戦後の日本社会を構築してきた基本的価値観を擁護するという辺りでまとまれるかどうかが大きな課題であろう。

今回の野党再編劇では、今までの合流とは似て非なる現象が起きた。事前に新立憲民主党の綱領案が示され、これを是としない議員が不参加を表明した。そして、連合傘下の組合でも電力総連など六つの産別は立憲民主党を支持しないこととなった。このことによって、今回の立憲民主党は前の民主党ほどには「何でもあり」ではなくなった。これは歴史的な文脈で見れば、旧社会党の系譜と旧民社党の系譜が再度分かれたことも意味している。

もちろん、今の立憲民主党を五五年体制の社会党に例えることには違和感を示す人も多いだろう。特に一九九三（平成五）年以降に政界入りした日本新党出身者や日本新党の後に新党さきがけを経てきた人の中には、自身を保守政治家と規定している人も多い。だが、自民党に対して野党第一党であること、そして綱領の性格から考えると今回の立憲民主党は、理念的にはかつての社会党に近づいてきている。

もちろん、それとは別の側面もある。小沢氏や中村喜四郎氏の参加もあり、新党はある一面では自民党旧田中派的な平等主義的で穏当な保守政党の色も出てきた。つまり今回の立憲民主党は、イメージ的に旧田中派（穏健な保守）と社会党の系譜にある議員の結集であるとみることができる。実際に旧田中派は世界的にみれば社会民主主義であったし、小沢氏も民由合併以降の立ち位置は極めて社会民主主義的である。

今回の新立憲民主党が旧立憲民主党と旧国民民主党とのまるごとの合流にはならずに、旧国民民主党が新国民民主党として小さいながらも残ったことの意味はそれなりにある。それは一九九八（平成一〇）年に第二次民主党の時に合同した旧社会党と旧民社党の勢力が今回、また改めて分かれることになったことである。実際には二〇一七（平成二九）年の秋に希望の党騒動があって立憲民主党が旗揚げした時に、この分裂は一部では起きていた。

希望の党がなくなった後に国民民主党が結成された時点で、この分裂はより分かりやすく可視化された。それでもまだかなりのねじれが残っていた。旧国民民主党の中にも、国民民主党にいることがあまりおさまりのよくない議員もいた。今回、まるごと合流の話が出た結果、旧立憲民主党は大きくなって新立憲民主党となり、旧国民民主党は小さくなって新国民民主党となった。これでかなりの部分まで分かりやすく整理はされてきた。

だが、第二次民主党の時に合同した旧社会党勢力と旧民社党勢力がまた袂を分かつことになったことを意識している国民は、圧倒的に少ないだろう。このことを意識している人は野党支持者の中にもほとんどいないのではないだろうか。今の立憲民主党と聞いて旧社会党と旧田中派を思い出し、国民民主党と聞いて民社党と想起する人は、余程の政治ウォッチャーか実際の政治家、政治活動家くらいであろう。だがこのことは日本の安全保障・外交・エネルギー政策を考える上で、野党第一党が旧民主党の時ほどの内部矛盾を抱えなくてもよくなったという点では、大きな意味のあることである。

今回、小さく残った国民民主党は、一層、政権寄りのスタンスを取っていくであろう。その場合、政権を支える与党勢力は「自公・維＋国民民主党」となるかもしれない。しかし、そのようなことをすれば国民民主党は歴史の藻屑と消え去るであろう。国民民主党は五五年体制でいえば民社党と性格が同じである。その特徴は与党か野党か分からないということである。

では、今回の立憲民主党はどのような政党を目指すべきであろうか。前章では、二分の一勢力を目指して政権交代を目指す方がより良いのだが、自民党と同じような政党をもう一つ作ることになってしまうのであれば、三分の一勢力にとどまった方が存在意義があるとの持論を述べた。だが、早々に三分の一勢力で良いと諦めてしまうと、五五年体制への逆戻りとなってしまう。やはり、苦労してでも運動を充実させ、二分の一勢力を目指さなければならない。しかし、前回の民主党は二分の一勢力を目指す過程で、非自民・非共産であれば何でも良いということになってしまった。民主党は政権を獲得した段階でも綱領のない政党であった。政権を取るためだけの方便政党だったからである。今回の新立憲民主党は以前の民主党の愚を絶対に繰り返してはいけない。

3 野党共闘のために立憲民主党が支持基盤から外すべき勢力

今のままでは、立憲民主党は国民の過半数からコンスタントに支持を得ることは無理である。選挙によってその時々の獲得票の増減はあったとしても、自民党と対等な基礎体力をつけることを目標にしなければ、風任せの政権交代に期待をかけるしかなくなってしまう。とすると、当然ながら三分の一勢力を脱するにはどうするべきかという大きな問題がでてくる。仮に三分の一勢力で良いとするならば、大体、今の支持者の範囲内で良いだろう。立憲民主党はリベラル層とよばれる左派的な人々と都市住民を中心とした無党派層を主に狙えば良いのである。そして、敵失の時に全国的な風が吹けば、大幅に議席が伸びることもあるかもしれない。しかし、本格的な政権交代を目指すのならば、これでは基礎的な体力が足りない。そこで、今回の立憲民主党はどのような人々を支持層に入れてはならず、どのような人々を新しい支持層にする努力すべきなのかということを考えたい。

まず最初に基本的な考え方として、今回の立憲民主党は、世界で紛争がなくても困らない勢力だけを支持基盤とした政党をつくるべきである。このことはほとんどの政治家も野党側に肩入れしている政治学者も論じていない。私自身は、野党の共闘において立憲民主党は共産党と組むべきだと考えているが、必ず共産党との共闘を進めようとすると身内から邪魔が入る。どこから入るかといえば連合からである。これは観念的な議論や理論の話ではなく、実際の問題、リアルな問題なのである。野党共闘の話をする時、共産党も含めた共闘の邪魔をしてくる連合幹部の殺し文句は次の通りである。

まず、彼らも野党が全部まとまって組んでも自民党を倒すことはできないという。そこまでは同じ認識を共有している。そして、保守層の一部を取り込まなければならないという。ここまでは誰にも異論はないであろう。次に連合の人たちは、共産党と組むと保守層が逃げるという主張を展開して、そこで野党共闘から共産党の排除を主張する。このことが五年前からの野党共闘で大きなネックとなってきた。私自身、「ＡＬＬ鹿児島の会」というささやかな市民団体において二〇一五（平成二七）年から三回の国政選挙で共同代表として活動したが、何度もこの言葉をきいた。おかしなことに連合の幹部は、「野党で組む」前に「共産党を入れて組んだ場合」に減る分の票を計算しているのである。

しかし、実際は「共産党と組むことによって取り込むべき保守層が逃げる」という言辞は表向きの方便にすぎない。共産党と立憲民主党が組んでも実際には立憲民主党の支持者が引くことはない。共産党と組んでいる立憲民主党が地方の農村に入りこんで支持を訴えても、自民党に対して不信感を高めつつある生活保守の人たちが、共産党と連携していることをもって支持に二の足を踏むことはありえない。立憲民主党の支持者の中から「共産党と組むなら立憲民主党支持をやめる」という声も出てはこない。共産党と組むことに誰よりも強固に反対するのは連合の幹部だけである。実際には数字の分析で明らかになったことからも、「立憲民主党が共産党と連携したことのマイナス」よりも「連携したことのプラス」の効果が多いのである。それにもかかわらず連合の幹部は絶対に共産党との共闘を許さない。

ではなぜ、野党支持者であるはずの連合の幹部から、共産党を含む共闘に邪魔が入るのだろうか。これはとても簡単なことであって、「共産党と組めば取り込むべき保守層の票が逃げる」というのは方便で、連合の中の同盟系が強固な反共思想によって成り立っており、この人たちが共産党と組むことをかたくなに否定するからである。自民党以上に共産党を敵視する人々によって現在の連合はほぼ指導されている。今では民間労組の方が数の上で有利になったので、公務員労組出身の人物が会長や事務局長になったとしても、連合の「総意」としては共産党と組むことに二の足を踏むということになる。

一般の人にはなかなか理解のできない部分かもしれないが、これは、民間労組の有力な組合に原発推進の電力総連と防衛産業の労組を抱えているからである。電力総連だけではなく、今では連合全体の方針が原発推進である。つまり、連合は今ではかつての同盟となっているといっても過言ではない。意思決定や基本的な政策、方向性は防衛産業や電力、自動車産業の労組の発言力が強いことによって、少しでも左派・リベラル寄りの政策を野党第一党の立憲民主党が出すだけで圧力をかけてきた。そして、選挙で共産党と共闘することへの邪魔が入るのである。枝野氏が明確に共産党と組むことを表明できないのもこの理由からだろう。

今回の新立憲民主党は、以前より少しはスッキリしたように見える。電力総連などの六つの産別は立憲民主党への不支持を表明したからだ。今回は国民民主党が残った。これは本当に良かったことである。新しい立憲民主党は完全に電力総連や産業としての防衛産業とは手を切るべきであろう。防衛産業といえば聞こえは良いが、強い言葉を使えば軍需産業である。軍需産業で働いている労働者を差別してはいけないが、目指すべき方向性を明確に打ち出すためには、立憲民主党はこの部分の人々からの支持を最初から諦めるべきなのである。

最もやっかいなのは、まだ「連合」という塊が残っており、その内実はバラバラとはいうものの完全にはまだ産別自決にまでは行ききれず、選挙でも「連合推薦」というブランドがそれ相応に生きているということである。本当にどの程度の集票力が保たれているのかは怪しくなってきてはいるが、選挙において組合員を動員できる程度の力はまだ残っているので、連合に頼らざるを得ない候補者も多い。「連合推薦」といった時の「連合」とは、内実はバラバラであっても、労働組合の連合体としての「連合」を指している。そして、この「連合推薦」のブランドにこだわる限り、必ず安保・防衛問題では左派・リベラル系（本書では保守・リベラルとの対比という意味でこういう表現を使う）の候補者は妥協を強いられる。

その結果、安保・防衛政策は旧民主党の時代から曖昧なものとなっていた。これは五五年体制の時の社会党と民社党が一緒になった上に五五年体制の後に非自民陣営から出た保守系議員も同じ政党に同居したのだから仕方がなかった。私の意見は明確である。今後の立憲民主党は特定の産業の組織労働者の組合の推薦を自分から断るか、（来るものは拒まずという意味でそこまではしなくても）あてにしないようにすることである。ここで腹をくくらなければ、また旧民主党になってしまう。その結果、政権交代を仮に起こしても、また鳩山由紀夫政権の轍を踏むこととなるだろう。そして、政策体系として整合性を持たない非自民の野党第一党が作られる。それが三分の一勢力になっても、自公政権と別の政策を実行することはできないということが、政権交代以前に決まってしまうことになるのである。

連合の中の旧同盟系労組が国民民主党の存在しない県の立憲民主党候補者に踏み絵を踏ませてくることはあるだろう。この時に推薦と引き換えに踏み絵を踏むことを断る気概がなければ、これまで論じてきたような方向性での自民党に対する政権交代はできない。外交政策の転換もあり得ない。五五年体制を崩す意味では政治改革は必要だったとしても、その後の二〇年にもまた問題があったのは、結局、野党第一党（当時は民主党）がこの問題を曖昧にしたまま、政権交代をだけを目指したからであった。普天間基地問題の挫折も実際にはこの問題と関係があった。連合と日米同盟など一見何の関係もないように思えるが、実際にはそうではない。

東アジア不戦共同体が実現できれば、防衛予算は今ほどいらなくなるだろう。東アジアが緊張すれば防衛予算も増え、日米同盟が強化されれば防衛装備品も多く作ることとなる。そのことを「望ましいこと」、「良きこと」と考える人々が日本社会の中にもいるのは当然のことである。これらの人々の存在は認めざるを得ないが、これらの人々を支持基盤の一部分に入れておくことが後々、大きな問題となるのである。五五年体制の民社党、今の国民民主党のような勢力がなくならないのは、労働者勢力の内部に防衛産業を含んでいたためである。

もう今後は、資本家か労働者か、経営者か従業員かで政党支持が決まるというこれまでの発想を根本から改めなければならないのではないだろうか。江戸時代の約二八〇年は民需だけで経済を回したように、世界に対して我が国が平和国家を掲げるのであれば、本当は民需だけで経済を回す努力をすべきなのである。それが実際には難しいのだとしても、防衛産業（軍需産業）を支持基盤に入れない政党が野党第一党になるべきである。そして、与党に対して全部の野党の議席が上回った時に、多少は色合いの違う国民民主党とも政策協定を結んだ上で連立政権を組むという想定ならまだしも、同じ野党第一党の中にはこの勢力は入れないようにすべきであろう。これをはっきり言い切ってしまうと大変な批判があるだろうが、このことはとても重要なことである。ここを曖昧にして政権交代を訴えることは、欺瞞といっても良い。

自民党的なる政党は永遠に形を変えても存在する「第一保守党」なのであるから、防衛力増強によって潤う産業の労働組合は、一層はっきりと自民党支持を打ち出した方が分かりやすいのではないだろうか。そして、立憲民主党はそれを織り込んで活動を進めるべきである。また自民党内でその方向がおかしいと思う人は自民党を離党して野党側に来た方が良いと思われる。この軸で政界再編が起こることが本当は望ましい。連合もそろそろ、再度改めて分裂した方が良いであろう。やはり、政党・政治家の側が政治をリードしなくてはならない。連合の組織票に頼るから政党（立憲民主党）側にそれができないわけであるが、組織票に頼れなくなる分は代わって支持政党なし層に働きかけ、どの勢力にも組織されていない人々に政策を訴えるべきであろう。

今後は以前の公務員と民間で分かれていたような形で総評と同盟に分かれるのではなく、世界が平和になり紛争がなくなっても困らない産業と、東アジアが緊張した方が望ましいまたは軍事的な危機が強まった方が本心では望ましいと考える産業で別れるのが自然であろう。できれば民間労組の中でも、防衛産業と電力総連以外の部分にはある程度の支持は求めた方が良いだろう。どのみち、防衛産業（軍需産業）の労組だけでは政党はできないのであるから、その勢力は民間労組全体を引っ張ろうとするだろうが、民間労組も平和になることによって困らない産業の労組については、立憲民主党も支持労組とすることが本当は望ましいだろう。電力総連や防衛産業の労働組合などは旧民社党、現在の国民民主党の支持基盤であるが、野党共闘からこの勢力は排除しなければ自民党に代わる政権はできない。これらの勢力が方針転換し、共産党との共闘を容認すれば別であるが、現段階ではそうなることは考え難い。

とするならば、野党共闘による政権交代を目指す際にこの勢力を先に排除し、この勢力は自民党の側だと考えた方が良いだろう。政権交代を目指すにしても、漸進的な改革でなければ日本では受け入れられないとするならば、ここも実際には急激には変えようがない。だが、世界や東アジアが緊張することで（東アジアで戦争が近づくことで）雇用が増え、その雇用を守ろうとする産業の労組だけは、少なくとも立憲民主党の支持基盤に抱え込まないと決めるべきであろう。組合や連合のあり方に政党側からは口出しできないのであれば、政党側（立憲民主党を指しているのだが）は明確に、綱領とそこから導き出される政策に反対する組合の組織票をそもそもあてにしてはいけないのである。

かつての社会党を支えた総評には五大労組があった。自治労、日教組、全電通、全逓、国労である。だが、この五つのうち三つまでが民営化された。国鉄と電電公社は中曽根康弘政権で、郵便局は小泉政権で民営化された。旧総評というのは、もう実態はない。旧総評系で残っている中の大労組は二つしかないが、その二つである日教組と自治労だけが連合を割って出るということも選択肢の一つかもしれない。だが、もしそうなれば、今回は五五年体制の時とは逆になり旧総評系が少数派で旧同盟の民間労組が多数派という逆転現象が起きてしまうだろう。

とはいえ、さすがに自治労と日教組だけが主たる支持基盤というのでは、立憲民主党の固定票はあまりに少なくなりすぎる。政権を担う第一野党ができるわけがない。これに旧全逓と旧全郵政が一緒になったＪＰ労組を足したところで、支持基盤としてあまりに少ない。全く国民政党には程遠い。したがって、旧来の保守勢力にもアプローチして保守層も包含しないと政権交代は無理だというのは、間違いのないことである。

4　立憲民主党がアプローチすべき保守層について

ここで次に、二分の一勢力を目指すなら保守のどの部分と組むか、支持層に引き入れるかという問題を考えなければならない。保守層と一口にいっても地方の農村の穏当な人々と経団連は違う。このことこそがもっとも重要な部分であるが、保守本流勢力と安倍氏的な戦前回帰を目指すグループは、同じ「保守」でも水と油である。そして、同盟系労組のうちの防衛産業の労組はむしろ思想的には安倍氏的な方に近かったのだから、ここを組むべき人々としてはならない。立憲民主党の組むべき保守層は保守本流である。もっと分かりやすくいえば旧田中派とかつての旧宏池会と旧社会党の流れで一つの流れをつくるのが最も自然である。「リベラル保守」と社会党を足したものが立憲民主党と考えれば分かりやすい。

取り込むべき保守層はまずは農村部である。第一次産業の従事者の中に立憲民主党の支持者を増やさなければならない。こここそが自民党の牙城であったのだから、立憲民主党が地方を重視するのであれば、衆議院の一区以外に支持者を増やさなければならない。そのために積極的に地方議員候補を郡部でも立てるべきである。そもそも旧社会党は都市部の組織労働者を支持基盤としており、一九九六（平成八）年に結党された最初の民主党は「市民が主役の民主党」とのキャッチコピーに現れているようにこれも都市型政党だった。以前の民主党は都市部の市民層を支持基盤に想定しており、土着の保守地盤を最初から味方にすべき対象にしていなかった。これでは自民党には勝てないのは当たり前だ。今の新しくなった立憲民主党の中にもこの都市型市民政党で良いとする傾向はあり、ここを乗り越えなければならない。

次に立憲民主党が政権を目指すのならば、中小企業の経営者にも支持を拡大していくべきであろう。これが最も大きなポイントだと私は考えている。日本では戦後ずっと、経営者は自民党を支持してきた。これは大企業、中小企業、零細企業に関わりなくである。経営者対労働者の構造が、戦後の早い段階にできたからであろう。そして大企業の場合には労働組合があるので経営者は自民党、労組は野党支持という構造が完全にできあがっていった。

だが、野党が選挙の時に労働者・大衆のためというようなことを叫んでも、実際には中小企業の従業員は経営者が投票を指示する自民党候補に投票していた。野党を支持していたのは大企業の労組と公務員の労組だけであり、大企業も中小企業も零細企業も経営者は自民党を支持し、組合のない中小・零細企業は従業員まで含めて自民党に投票していた。仮にそうでない場合でも無党派になるのが関の山だった。よく知られるように建設業界などは従業員も含めて自民党に組織されていた。中小・零細企業の従業員が野党（社会党や民主党）の支持基盤として明確に組織化されることは、これまでなかったのである。

新しい立憲民主党が三分の一勢力を超え、政権交代を起こすために二分の一勢力を目指すのであれば、原発推進の電力業界の労組と改憲に積極的な防衛産業の労組を抜いた分、これまでは縁のなかった中小企業や零細企業の経営者に支持を求めていくべきである。これは一見、これまでの「経営者＝自民党」という常識に挑戦するのだから不可能なことのように思えるが、そうとばかりもいえないだろう。中小・零細企業の経営者の中にも戦後的な平和主義や人権擁護の価値観を重視している人もいるだろうし、新自由主義による競争重視の社会をずっと続けるよりも、本心では落ち着いた社会を取り戻したいと考えている人もいるだろう。

綱領から導き出される政策を実施することに対して賛同する人は経営者の中にもいるはずであり、また実際に働いている従業員に至っては大企業よりも賃金水準が低いことが一般的なのだから、野党側の支持基盤にすることは不可能ではない。連合の幹部が共産党を排除する時の決まり文句である「保守層も取り込まなければ」というのであれば、取り込むべきは第一次産業と中小企業や零細企業の経営者である。そして、中小・零細企業には労組がないのが一般的であるから、中小・零細企業の経営者を支持基盤にすることで同時に従業員にも支持を呼びかけていけば良いのである。このように発想を転換すれば、立憲民主党も連合の組織票と無党派の風だけに頼らなくても二分の一勢力を目指せる可能性がでてくるであろう。実際にはなかなか難しい話になるが、連合の右派に気を遣い組織票をもらうために政策を歪めるよりもはるかに良いだろう。

立憲民主党が働きかけるべきは、まずは第一次産業や地方の農村の人々、次に中小企業や零細企業の経営者である。これらの人々こそが従来からの最も強固な自民党政治を支えてきた保守層であるが、この人たちも通常は改憲も戦争も望んではいない。このようにいうと、必ず「戦争を望んでいる人など一人もいない」という反論が出てくる。だが、実際には東アジアが緊張状態になることで潤う人々は明らかにいる。これらの人々は「平和のための防衛力の増強をいっているだけで戦争には反対」と必ず主張する。だが、この論理に配慮しすぎることの弊害が、今の日米同盟の絶対化と米国への一方的な追従である。この政治的立場に立つ人を全否定はしないが、これらの人々までを立憲民主党の支持基盤に枠内に入れることはやめておかなければならない。

今回、うまく旧立憲民主党と旧国民民主党が割れ、立憲民主党は大きくなったが、小さい国民民主党は残った。国民民主党の議員は全員、立憲民主党に来なかった。枝野氏はより広い連携といった時に国民民主党の支持基盤や国民民主党を視野に入れるのではなく、共産党と組むことを優先して、その後穏当な保守層（それこそ本当の意味での保守本流）も支持基盤にできるように戦略を立てるべきだろう。保守の人々の中には日本会議のメンバーもいるだろうし復古主義的保守思想を持つ人々もいるだろうが、そういう人まで狙う必要はない。

旧田中派も旧社会党も、政治改革期には否定されるべき存在であった五五年体制の主役そのものなのだが、思想的には戻るべき部分である。保守本流と戦後民主主義的な価値観を取り戻すことで、穏健な保守主義プラス個人の人権を重視する戦後的価値観の発展を目指す政治勢力が誕生する。これは五五年体制の実態を肯定しているのではなく、思想的な対立軸として今の自民党に対抗するためという意味である。穏健な保守の人々を支持基盤にすることを意識することとで、左派に引っ張られすぎて万年野党になった旧社会党でもなく、新自由主義者や復古主義的価値観を持つ者まで抱え込み、枠を広げすぎた結果、政権交代後に分解した第三次民主党でもない政党になれる可能性がでてくる。

かつての民主党は非自民・非共産のウイングをあまりに広げすぎた。広げてはいけない範囲にまで広げ過ぎたのである。象徴的にいうならば、村山談話を口汚く罵り、戦前の日本を絶対的に賛美するような西村眞悟氏のような人々まで、非自民・非共産というだけで民主党は受け入れた。選挙区事情で自民党の公認をもらえない外資系金融の出身者のような、どう見て新自由主義思想を持っている人々まで、政権交代だけを題目にして、「民主党」の枠内から選挙に出した。そのような人で、今でも非自民の立場で活動を展開している人はほぼいない。

実際に、かつて民主党議員であった細野豪志氏や長島昭久氏などは、今では自民党の二階派に入会した。短期間、外務大臣を務めた松本剛明氏も自民党に入っていた。他にも参議院議員で、今では自民党の会派に入った議員もいる。彼らのような人々にとっては、さぞかし民主党にいることは居心地が悪かったことであろう。彼らが民主党の側から選挙に出馬したのは、ただただ選挙区事情によるものであったのであろう。だが、こういう人々まで巻き込んだ野党第一党は二度と作ってはいけない。

二〇一七（平成二九）年の希望の党騒動では、左派・リベラル派を排除してまとまって自民党に対抗しようという動きが起こった。だが、希望の党では自民党の選択肢にはなりえないと考えた人々の後押しで立憲民主党が結党された。我々が五五年体制の崩壊後の三〇年弱で学んだことは、「非自民・非共産」という括りだけで一つの政治勢力は作ってはならないということである。こんなことをすれば、選挙における国民の選択肢を完全に奪ってしまうからである。「非自民・非共産」だけを結節点にすると、表面上は政権交代の題目でまとまるように見えるが、内部は完全にバラバラな人々の集合体となってしまうのである。

希望の党に至っては、新自由主義者と復古主義者の多数参加する自民党と区別のつかないような政党であったにもかかわらず、この党も建前では非自民・非共産であった。立憲民主党が日本人の平均的な保守的価値観を大切にし、急激な社会の変化を好まない穏健な人々の支持を得られる政党を目指すことまでは、人々に安心感を与えるという意味では望ましいことであろう。しかし、「非自民・非共産」の枠内を広げることは自滅の道をたどることであると、ここで改めて強く指摘しておきたい。

次章で検討するテーマであるが、立憲民主党が「リベラル保守」と「左派リベラル」を足してうまく融合した辺りの勢力でまとまることに成功するかどうかは、実際には分からない。現実には簡単にはいかないだろうし、机上の足し算の通りに支持基盤が作れる保証はどこにもない。だが、時間をかけてでもこのことに成功すれば、政権交代も可能となるであろう。

第五章　立憲民主党と野党は政治思想的にはどうあるべきなのか

本章ではこれからの野党（とりわけ第一党たる立憲民主党）がこれまでの日本政治における思想的な系譜のどの辺りを継承すべきなのかという問題について考えたい。

1　中島岳志氏の示すマトリクスについて

現在の政治状況を見る際のマトリクスを政治学者の中島岳志氏が示している。これは最近注目を集めているようなので、本書でも中島氏のマトリクスを参考に考えようとしてみた。だが考えを進めていくと、そもそもこのマトリクスは、政治を見る際の枠組みとして意味をなさないとの結論を得た。本章ではそのことを足掛かりとし、野党の思想的立場について論じたい。まず中島氏の示すマトリクスは次の通りである。

中島氏は二〇一九（令和元）年の著書『自民党――価値とリスクのマトリクス』（スタンド・ブックス）で、「保守本流はⅠとⅡの融合体だった」（中島、二〇一九年、二〇四頁）としている。

そしてⅠが田中派、Ⅱを宏池会だったという説明をしている。中島氏はX軸をパターナル（権威主義的父権性）かリベラル（寛容）かの軸としている。そして、Y軸をリスクの社会化かリスクの個人化かの軸としている。

自民党の政治家を位置付けたこのマトリクスに対し、私は最初に見た時から、何かしらモヤモヤした違和感を持っていた。違和感はここに位置づけられる政治家の位置にあるのではなく、マトリクスそのものにあった。

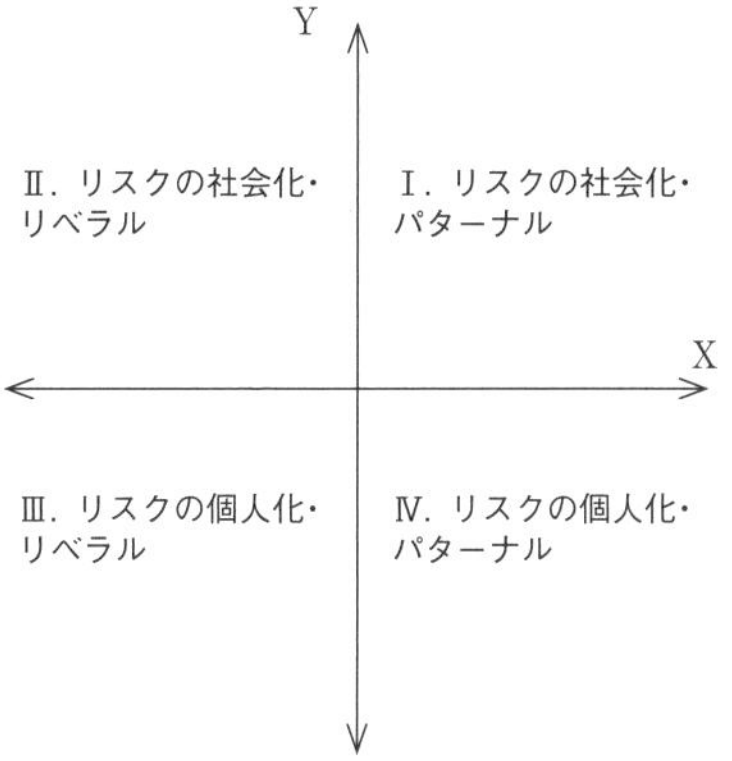

今、中島氏がこのマトリクスを使うことをやめていれば、私はこのことを書くことを控えようと考えていたが、中島氏は二〇二一（令和三）年一月に刊行された『自分ごとの政治学』（NHK出版）の中でもこのマトリクスを用いて政治を解説しており、今もこの図式を使っているのでこのマトリクスへの違和感を述べたい。

中島氏は『自分ごとの政治学』の中で、「『左』『右』という概念やイデオロギーは、ある時期までは政治学において、非常に大きな意味を持っていました。しかし私は、二〇世紀の後半ごろから徐々にその意味は失われ、現在ではほぼ失効していると考えています。現在の思想や政治の状況は、『左』『右』という概念ではとらえきれません」（中島、二〇二一年、二九頁）、と述べ、従来の左右の概念で政治を見ること自体を否定している。

そして、自身の示すマトリクスについて、「左派対右派という対立軸そのものが無効化されてきている現代で、私たちがより自分の実感に近い形で政治をとらえるために、知っておくべきことを解説していこうと思います」（同、三四頁）、「リスクに対してどのように対応するかについての考え方の違いによって、『個人化』か『社会化』かというベクトルに分かれてきます」（同、三五頁）と述べている。

また中島氏は、「X軸の両極は『リベラル』と『パターナル』です。リベラルの対立軸はよく『保守』といわれますが、（中略）保守とリベラルはむしろ非常に近い関係にあり、対立概念とはいえません。『パターナル』は、日本語だと『父権的』などと訳される考え方です」（同、四〇頁）と左右対立で政治が語れなくなった現在、自分の示すマトリクスが政治の理解に有効だと自著の中で述べている。

2 中島氏の説明する「保守」と「左翼」の定義

まず、なぜ中島氏がこのようなマトリクスで政治を説明し始めたかを考えてみたい。中島氏は二〇一三（平成二五）年に『リベラル保守宣言』（新潮社）という本を刊行している。この本の中ではまだ、このマトリクスは示されていなかったが、中島氏の基本的な政治的立場が宣言されている。この本の中で中島氏は、左翼および保守についてそれぞれ自身の見解を示している。

重要な部分だけ引用すると、中島氏はまず左翼については、「『左翼』という思想を最大公約数的に定義すると『人間の理性によって、理想社会を作ることが可能と考える立場』ということが言えるでしょう。彼らは、人間の理知的な努力によって、理想社会の構想を設計し、それを実現することによって、未来に進歩した社会が現前すると仮定しました。人間の努力によって、世の中は間違いなく進歩するというのが、左翼思想の根本にある発想です」(同、三〇頁)、また「ただし左翼は、理想社会構築の手段を国家に求めるか否かによって、内部で路線が分かれます。まず、国家を使った平等社会の実現という構想に立つ立場として、共産主義や社会民主主義などを挙げることができます。この両者では、国家のあり方をめぐって重大な対立がありますが、国家権力による富の再分配によって平等社会を目指すという点では、同様の立場に立っているということができるでしょう」(同、三〇頁)との見解を示している。

そして、「左翼」というものの特徴として「左翼の中にも国家の存在をめぐって、立場の違いというものが出てきますが、根本的に『人間の理性によって平等社会を作ることができる』という進歩主義をとる点で、彼らは共通しています」(同、三二頁)と述べている。

そして、「保守」についても自身の見解を示している。中島氏は「保守は、このような左翼思想の根本の部分を疑っています。つまり『人間の理性によって理想社会を作ることなど不可能である』と保守思想家は考えるのです。まず、保守の立場に立つものは人間の完成可能性というものを根源的に疑います」（同、三二頁）、「ですから、保守は特定の人間によって構想された政治イデオロギーよりも、歴史の風雪に耐えた制度や良識に依拠し、理性を超えた宗教的価値を重視します。前者は人間の『知的不完全性』の認識に依拠し、後者は人間の『道徳的不完全性』に依拠していると言えるでしょう」（同、三三頁）と述べる。

さらに中島氏は続けて「このような保守の立場は、人間の進歩に対する懐疑の念を共有するものの、人間社会の変化そのものを否定する立場ではありません」（同、三三頁）、「保守は『復古』でも『反動』でもありません。人間は過去においても、現在においても、未来においても不完全な存在です。そんな不完全な人間が構成する社会は、歴史的に完成したためしがなく、今後も完成形に到達する可能性はありません」（同、三三頁）とも述べている。このように中島氏は「左翼」と「保守」を対置して、それぞれ「左翼」と「保守」の特徴を挙げている。

中島氏の主張は、「左翼」は「理性に基づいた設計主義者」であり、「保守」は「人間の理性を疑い歴史や風雪に耐えた制度や良識に依拠する立場」ということがいえる。確かにそれは「左翼」や「保守」の一面を示してはいるだろう。だが、誰しも、同じ人間であっても理性的にものを考え少し先までくらいを設計する部分と、これまで続いてきた制度や仕組みを基にして昨日の延長線上でものを考える面がある。実際には同じ人間でもある面では「保守的」であり、ある面では「左翼的」であることなど普通に起こることである。

中島氏においては「左翼」の定義は「理性」と「設計主義」がキーワードのようであるが、このような説明はかなり一面的なのではないだろうか。他にも左翼の特徴としては、少し思いつくだけで、少数者の代弁や弱者の側に立つこと、因習をスピード感をもって改めることを主張する部分などがある。これらの左翼の特徴は中島氏がいうように必ずしも「理性」に基づく「設計主義」から生まれるものではない。

日常における圧政への反発や経営への不満なども左翼側から出てくるが（良い領主や経営者などがいない場合の話だが）、これらについても必ずしも「理性」に依拠した「設計主義」から来るものではないだろう。通常、異議申し立ては「保守」側ではなく「左翼」側から起きる。だが、それが最初に起きる時点では「理性」に基づく「設計主義」などは通常あり得ない。「設計主義」が出て来るのは、政党や組織が結成され長期のビジョンを作り出してから、つまりは、しばらく後になってからである。左翼的な発想の最初の始まりは現状への異議申し立てである。

また「保守」の定義の方も、態度や「あるべき本来の」という中島氏の期待する理想の「保守」はここに引用したような内容の「保守」なのであろうが、実際には「保守」の範疇には「復古主義」や「反動」も含まれている。そもそも、世の中には「保守反動」という言葉があり、「保守は反動ではない」といっても、これは「本来の保守のあり方を考えれば反動にはなりえないのだが…」または「反動でもない保守もあるはずで、それが本来の姿なのだが…」という言い方をしなければならないように思われる。

また、人間の「理性を信用しすぎない」態度は大事だとしても、因習にこだわり続けることはどうなのだろうか。先に見たように中島氏自身は「(保守は)人間社会の変化そのものを否定する立場ではありません」(中島、二〇一三年、三三頁)と述べている。だが、実際には古い地方に見られるような「因習」にこだわる人物を、社会では「保守的」といっているのではないだろうか。分かりやすくいえば、行き過ぎた男尊女卑的な価値観や行き過ぎた上下の観念の一方的な押し付けなどである。

また前近代的な差別や差別的な人間観を持ちつづけている人々が、左翼の特徴である「理性」に依拠した「設計主義」の立場に立った人物ではないからといって、逆に「知的不完全性」の認識に依拠し、「道徳的不完全性」を常に認識している「寛容」で立派な人物といえるだろうか。人々が「因習」や長年の「習慣」によって、いわれなき差別をいつまでもするのは、「知的不完全性」の認識に依拠し、「道徳的不完全性」への認識に依拠した思慮深い思索によって「保守的な態度」をとった結果なのであろうか。実際には、そのように立派なものではなく、ただ頑迷なだけで自らものを考えない人物が保守的な人間の圧倒的多数であろう。

普通の極めて素朴な常識的な「感覚」で考えてみただけでも、中島氏は「左翼」と「保守」をある一面の特徴を都合よく切り取って簡単に定義づけしすぎていることがすぐに理解できる。この中島氏の「左翼」と「保守」の説明にはいろいろな側面から疑義を持たざるを得ないのだが、もう少し中島氏の見解を確認しておこう。

中島氏は自分自身の立場をまず「保守」であると規定し、さらに「保守」は「リベラル」（寛容）にならざるを得ないとして、自身の立場として「リベラル保守宣言」をする。「日本ではよく『リベラル』対『保守』というように、『リベラルであること』と『保守であること』は対抗関係にあるように捉えられます。どうも保守思想というと、『反リベラル』と見なされることが一般的ですが、果たしてこのような認識は妥当なのでしょうか。私は『リベラル保守』という立場が重要だと考えています。真の保守思想家こそリベラルマインドを共有し、自由を積極的に擁護する側面があると思っています」（中島、二〇一三年、一四頁）の部分に中島氏の基本的な政治的立場が端的に示されている。

本来の「保守」の態度が「……不完全な人間が構成する社会は、歴史的に完成したためしがなく、今後も完成形に到達する可能性はない」ということを常に謙虚に認識しているというものであるならば、おのずからそういう人は、日常生活においても周囲の他人を尊重し、異なる価値観に対しても「寛容」になり、結果として「リベラル」にならざるを得ない……という説明であれば私も理解できる。そして、この中島氏の定義と氏の言わんとすることについていえば、私個人も自分は「リベラル保守」の価値は重要だと考えているし、本書のテーマである自民党に対抗する野党の目指すべき方向、立ち位置がこの辺りにまずはあるということにも賛同できる。

さらに中島氏は、安倍前政権の態度や安倍前首相の態度を「保守ではない」と考えているが、そこについても私は同意できる。まさに中島氏のいう本来の「保守」のあり方と比較すれば、安倍前首相のやり方は全く「保守」の風上にもおけないものであった。

確かに旧来の左右の概念では政治の解説がしにくくなったことは確かである。だが、そうなったのはいわゆる保守派・右派が幾種類にも分裂し、冷戦の終結後に総体としての旧来の左派がほぼ壊滅してしまったことが大きな理由であって、左右という概念で政治をとらえること自体ができなくなったわけではない。一見、左右で政治家を判断できにくくなってきた今、こういう解説をされると何かが分かったような気にはなるのだが、それでは、中島氏のマトリクスで見れば、政治や思想の理解はすんなりとできるのであろうか。私はそうは考えられないので、以下にその理由を述べていきたい。

3　「保守」と「左翼」を対置させることへの疑問

そもそも、中島氏が「保守」と「左翼」を対置させているところから疑問が出てくる。言葉の問題を正確に検討すれば、「左翼」の対立概念は「右翼」である。「左翼」の対立概念は「保守」ではない。「右翼」や「左翼」をやや柔らかく言い直した言葉が「右派」と「左派」であろう。日本においては「右翼」や「左翼」といえば、議会制民主主義の制度の中に収まりきらない勢力を指すことが多かった。極左の暴力主義まで入れてかつては「左翼」という言葉が使われていたし、一方においては暴力団や総会屋と同じようなことをしている政治団体まで含めて「右翼」という言葉が使用されてきた。

したがって、「右翼」と「右派」、「左翼」と「左派」は本来ほぼ同じ意味合いであったが、日本においては使われる文脈が違い、右派や左派といえば、まだ議会政治の枠内または同一の組織内での立ち位置を表す言葉として使われてきた。例えば「社会党右派」といえば、社会民主主義路線を指したし、「自民党左派」といえばかつての三木武夫氏などのように自民党の枠内にいながら野党と近い路線を指した。いずれにしても右派・左派という言葉は、右翼・左翼という言葉よりはやや穏当なイメージであり、議会制民主主義の範囲内で使われてきた。

本来、「保守」の対義語は「革新」であった。これも本当であれば、「右派」、「左派」といえば良かったのであるが、日本においては五五年体制の時は保革対立の時代と言われた。左右対立とストレートには言われなかったのである。このように考えれば、対立概念同士で中身を比較しなければ、議論はおかしくなってくる。中島氏は著作で一貫して「右派」と「左派」や「右翼」と「左翼」ではなく、「左翼」と「保守」を比較している。まずこの言葉を対立させて比較をすること自体に問題がある。

「左翼」と比較するならその対象は「右翼」であり、「保守」と比較するならそれは「革新」であるべきであろう。だが、中島氏は「左翼」と「保守」を比較して「保守こそがリベラル」だという結論を導き出し、「リベラル保守」の重要性を主張する。これを本書では仮に「保守こそリベラル論」と名付けておこう。中島氏がこのようなことを試みた理由は、「保守」の対立概念であった以前の「革新」の人々が、勝手に「革新」という言葉が死滅した後に、自分たちの立場を規定する概念として「リベラル」という言葉を使ったことへの違和感からだろうということまでは推測できる。

「左翼」が「リベラル」なのではなく、「保守」こそ「リベラル」なのだというと、皆、何となく分かったような気分になってしまう。だが、別の表現で「保守」という言葉を「右翼」や「右派」と変えて「右翼こそリベラル」や「右派こそリベラル」という表現をすればどうなるだろうか。多くの人々は違和感を持つだろう。これは「左翼こそリベラル」とか「左派こそリベラル」というのと同様か、またはそれ以上の違和感を多くの人に与えるだろう。

なぜこうなるかといえば、「保守」という言葉は、「態度」や「生き方」や「物事の進め方」、「考え方の基本的な姿勢」や「構え」を示す言葉であって、政治を語る際には「革新」の対立概念とはなり得ても、「保守思想」自体には体系がないからである。また、この体系のなさ、習慣や長年の知恵に依拠して物事を判断し、改革は漸進的に進めるという「とらえどころのなさ」、うまくいけば「寛容」になるといった極めて「曖昧」な部分こそが、保守の「美徳」であり「強み」なのである。

神ならぬ人間の不完全な「理性」を過信した「設計主義」よりも、「永遠の微調整」の方が私も個人的には良いと思うし、私自身、「保守主義者」ならぬ「保守」の美徳を身に付けた人間でありたいと思う。しかし、現実には「永遠の微調整」がうまく進まないから、または機能しないから左派的な思想が出て来なければならない側面があったのである。

また、中島氏の主張が、どうしても現実の政治の問題を考える際にしっくりこないのは、「リベラル」という幾重にも使い方があり、現にいくつかの文脈で使われている言葉を、「保守」と「左翼」を比較した上で、「左翼」は「理性重視」の「設計主義」であるがゆえにリベラル（寛容）ではなく、「保守」の特徴、もっといえばよき特徴である美徳の部分のみを取り出して、保守こそがリベラル（寛容）の側にあるという主張をしている部分である。

4　中島氏の示すマトリクスによって安心する枝野幸男氏

私がこの中島氏の言説である「保守こそリベラル」論と、その後に発表されたマトリクスによる政治理解の説明や政党・政治家を地図上に配置することへの違和感にこだわる理由は、立憲民主党の代表である枝野幸男氏がこの中島氏の影響を受け過ぎているように思われるからである。枝野氏は中島氏の「保守こそリベラル」論を知ったことによって、実は「保守こそリベラル」なのだから「立憲民主党はリベラルであるということはイコール保守」なのだという理論のお墨付きを得て安心しているように見受けられる。

二〇一八（平成三〇）年に刊行された『保守と立憲』（スタンド・ブックス）の中では中島氏と

枝野氏の対談が行われている。立憲民主党が結党されたのは、二〇一七（平成二九）年の秋なのでその直後の対談である。その中には以下のようなやり取りがある。少し長いが立憲民主党のあり方について考えるために重要な対談なので引用する（引用には適宜、中略を入れた）。

中島：立憲民主党の設立は、日本の政治史上において大きな出来事であると思っています。（中略）そんな中、リベラルでセーフティネット強化の考え方を持った立憲民主党が結党され、民進党時代には見えづらかったオルタナティブな方向性を打ち出した。（中略）

枝野：国粋主義的な保守二大政党を作ろうと思った場合、我々の勢力に「ゴリゴリの左派」レッテル貼りをする必要があったのでしょう。

（中略）

中島：（前略）各政党の立ち位置について、リスクを社会化（セーフティネットの強化）するのか個人化（自己責任）するのかを縦軸に、リベラル（寛容）かパターナル（権威主義）かを横軸に取り整理してみると自民党は個人型リスク型でパターナルな政党です。

では、立憲民主党はどのような考え方なのか。「立憲民主党が目指す社会。それは、『多様性を認め合い、困ったときに寄り添い、お互い様に支える社会』です」と枝野さんは発言されています。

前半の「多様性を認め合い」は、リベラルの思想です。後半の「困ったときに寄り添い、お互い様に支え合う社会」はセーフティネットの強化です。本来は自民党の宏池会のような保守本流が担ってきたもの。これを「左翼」という概念ではなく、「リベラルな保守」と枝野さんは位置づけ、自民党に対置しました。これは画期的でした。
（中略）
枝野：具体的な政策は大事ですが、今、より大事なことは、ビジョンを示すことだと考えています。このビジョンを「リベラルな保守」として打ちだし、「多様性尊重」というリベラルな価値観と「リスクの分散」という再分配強化を提示しました。
中島：的確な判断だったと思います。（中略）そこで出来てきたのが「リベラルな保守」というビジョンだった。「リベラルな保守」というスタンスをとることによって、政権を担うことの出来る現実的な政党であることを示そうとした。
（中略）
中島：立憲民主党のもうひとつの柱である「リスクの分散」について、枝野さんは「困ったときに寄り添い」という日本の庶民感覚にも寄り添った言葉で表現していますよね。
（中略）
枝野：僕は一九六四年生まれの五十三才なので大平（正芳）さんの時代を知っていますが、あの時代に社会党が政権を取れなかったのは、彼らが提案していた分配政策を自民党の大平さんや田中角栄さんのような保守がやっていたからです。

中島：だからこそ、枝野さんは自分を〝保守〟と名乗っている。
枝野：僕自身も、日本新党と新党さきがけに所属していたので、自分のベースが保守だという感覚があります。日本新党を設立した細川護熙さんも自民党出身ですし、新党さきがけも自民党の中のリベラルな議員が結党したものです。
（中略）
枝野：（前略）しかし経済政策の話になると、右派は「経済効率を上げられるか」、左派は「格差の下にいる人がかわいそう」と言うばかり。この噛み合わなさに、僕自身も苛立っていました。特に左派の社会政策に一所懸命な人ほど、「分配政策はもっと崇高なもので、景気対策のような俗っぽい話ではない」と考える人が多かった。それでは再分配に対して、広い国民の支持を得ることが難しい現状でした。
中島：再分配を左派的な正義の論理ではなく、左右を超えたリアリズムの路線として提示した。それこそ、枝野さんのおっしゃるような「リベラルな保守」の立場であり、現実主義というスタンスだと思います。

この対談はほとんど中島氏の主導で進められている。そして、一言でいえば、中島氏のいう「保守こそリベラル」論、「リベラルは保守」論に枝野氏が勇気づけられ、枝野氏が自分のことを保守政治家だと宣言し、年下の中島氏が年長者である枝野氏に「それでいいんですよ」と言わんばかりの印象で進んでいく。中島氏が枝野氏を持ち上げ、枝野氏がそれに満足して、自分の立ち位置を「保守」であると述べる。そして、中島氏は枝野氏にお墨付きを与える。要約すればこういう対談である。これまで述べてきたように、立憲民主党が五五年体制の時の社会党に戻ってはいけないことは自明のことであるし、立憲民主党が緩やかな「保守」、それこそ「リベラルな保守」論に立脚することまではそれなりに大きな意味を持つことだとは考えられる。

だが、同時に違和感を覚えざるを得ないのは、なぜ、そこまで枝野氏は「左派」であることを必要以上に否定し、さらに中島氏も、「枝野さんこそ保守ですよ」、「なぜなら保守こそリベラルだからです」ということばかり強調するのだろうかということである。そんなに、今の世界と日本の現状において、「左派」であることは躍起になって隠さなければならないほど「恥ずべきこと」なのだろうか。昨今、カール・マルクスの社会分析や経済理論の見直しが若い世代の研究者を中心に進んでいる中で、今一度、このことも真剣に考えてみなければならない。

5 「右でも左でもなく前へ！」は、一体、何を意味しているのか？

次に枝野氏の言説への違和感を検討したい。これは枝野氏が好んで使う立憲民主党のキャッチフレーズにも表れている。それは枝野氏の「右でも左でもなく前へ！」という言葉である。

結論からいえば、この言い草は卑怯以外の何者でもない。枝野氏は自身と立憲民主党を「右」でないことはいうまでもないのだが、「左」でもないということをより強調したいがために、こんな言葉を使っていっているのであろうと推測される。

枝野氏は先に論じた中島氏のマトリクスの存在を知って、もはや左右対立の時代ではないという理論を知ったので自信を深めたのかもしれない。あるいは、左のレッテル貼りをされるという恐怖心から逃れる意図から、こんなキャッチコピーを考えたのだとも推測される。ではなぜ、「右でも左でもなく前へ！」が意味をなさないのか。これがいかに奇妙な言説であるのかを考察していきたい。

「右」の対義語が「左」であることは論をまたないが、では「前」の対義語は何だろうか。いうまでもなく「後」である。「前」という概念を政治の中で使うなら、「後」は何を意味するのだろうか。もちろん、一般的にも「前」という言葉はよく使われる。「商談を前に進める」とか、「会議を前に進める」とか、「計画を前に進める」という風に、「前」という言葉は特段、「後」とセットになっている場面だけで使われるわけではない。枝野氏も単純に政治を「前」に進めていきたいのであろう。しかし、「前」に進めるというならば、その「前」の内容が問われるのではないだろうか。

さらに「右でも左でもなく前へ！」などというのではあれば、左右軸で政治が語れなくなったので前後軸で語るのか、あるいは左右軸に前後軸も足して、直線上ではなく平面上にして考えるのかということが問題になる。実際にはこの場合の「前」は「前後」の「後」を想定しない「前」なのではあろう。枝野氏は「右でも左でもなく前へ！」といっているので、おそらく、そもそも左右軸での思考自体を否定しているのだと思われる。では前後軸で語れる政治とは何だろうか。「右でも左でもなく前！」なのであるから、立憲民主党は右寄りの政策も取らず左寄りの政策も取らず、（隠れているが）後ろ向きの政策ではなく前向きの政策を取るといっているのだと思われる。

では一体、「前」とはなんなのだろうか。真剣に考えてみれば、この言葉は全く意味をなさないことが分かる。だが、「前」に対して「後」を対立概念として持ってくると、少しは考えるべきテーマが出て来るように思われる。「後」は復古主義的な政治、また近代的な価値観を否定して過去に戻る政治と考えられる。人類が一度、手にしたデモクラシーを後退させることや、一旦実現した平等な社会を後退させることも「後」だろう。

過去にこそ良いものがあったと考える立場からすれば、過去に戻ることは一概に後退とはいえない。儒学における「堯舜の治」のように過去こそ理想があったと考える思想もあるにはあるからである。だが、現在多くの人類が共有している価値観、享受している価値観を否定して過去の圧政や人権の認められていなかった時代に戻るのは、前後軸で語るならば「後」であろう。

であれば「前」というのは、まさに進歩主義的な発想であって、これは「右でも左でもなく」ではなく、基本的には「左」の発想なのである。したがって「前」は一般には進歩主義的になるはずである。であれば、「前」などとごまかさずに、やはり左寄り、進歩主義的だといえば良いのではないだろうか。そしてその際、進め方については漸進的にやっていくので、そこは態度として保守でもあると表明し、「だから皆さん、そこまでは心配しないでください」という言い方をすれば良いのである。

私は「右でも左でもなく前へ！」というフレーズを最初に聞いた時から違和感があったが、枝野氏は二〇二〇（令和二）年の九月に合流新党の代表に選出された時もまたこのフレーズを演説の中で使った。また、二〇二一（令和三）年三月現在も立憲民主党の党員募集のチラシにもこのフレーズは書かれていた。随分と気に入っている様子である。だが、このキャッチフレーズは極めて不十分と言わざるを得ない。このキャッチフレーズを聞いても、全く何も具体的な政策イメージが思い浮かばないのである。それどころか、よほど枝野氏は左翼（左派）のレッテル貼りをされることが嫌なのだとしか感じられない。

念のために左右軸と前後軸を一枚の表に入れた平面でも考えてみよう。これを示すと次頁のようになる。

Ⅰが右寄りの前、Ⅱが左寄りの前、Ⅲが左寄り後、Ⅳが右寄りの後となる。枝野氏がこのフレーズを使う時、このような四つの象限を意識して話してはいないと思うが、敢えて考えてみると面白いことに気づく。

Ⅰの右寄りの「前」は、改憲をして戦後レジームからの脱却を目指す路線であろう。急進的右翼政治、改憲、ポピュリズムによる行革・市場原理主義である。確かに安倍前首相も政治を急激に「前」には進めていた。急ぎすぎたくらい、一気にこれまでタブーとされた法律を通したことは、ある意味では大いなる「前進」でもあった。復古主義的価値観が背景にあったとはいえ、漸進的ではなく急進的に戦後の約束事を次々に反故にしたのだから、安倍前首相はここだろう。

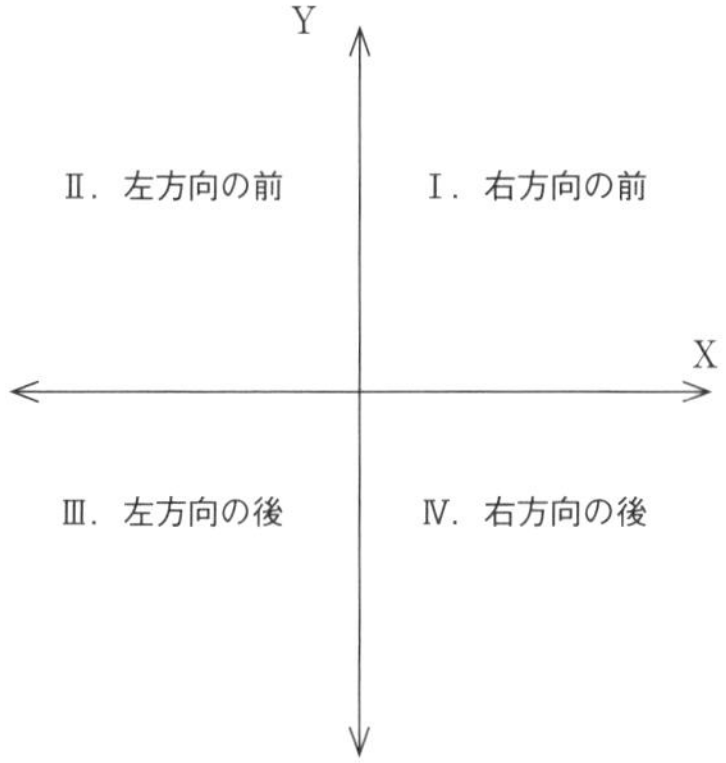

Ⅱが左寄りの「前」だが、まさにこれが本来、野党の取るべき立場であって戦後的な価値観を重視しつつも、まだ実現されてない憲法上の理念の実現に向けて努力するという路線である。この立ち位置は、決して国民に隠すような恥ずかしい路線ではない。「右でも左でもなく前！」ではなく、野党ならばここを自分たちの立ち位置として、「やや左よりの前」を目指すという認識を持てば良いのである。

Ⅲが左寄り「後」で旧来の左翼を指すと考えれば分かりやすい。これに属す人は、年代的にほとんどの人は高齢化したが、戦後左翼、観念的左派、革命思想である。五五年体制時代と同じ思考で止まっている人々で、冷戦終結後三

○年間、全く進歩していない人々も実際に存在する。例を挙げれば、憲法論議を持ち出すだけで日本は戦争になるというような人や、携帯電話を使いながら、いまだに電電公社の民営化を批判するような人々である。揶揄しているのではなく、実際に私はそういう人をいくらでも知っている。今からの立憲民主党が、こんなところに戻っては元も子もないことは確かであろう。

Ⅳが右寄りの「後」ということだが、利権政治への回帰または戦前的な価値への回帰である。時代遅れの価値観で男尊女卑的な発言をして五輪・パラリンピック組織委員会の会長を辞任した森喜朗元首相などがこのカテゴリーになるだろう。だが、少しⅠとⅣの関係は微妙でもある。漸進的ではなく、急進的に社会を変えようとした安倍前首相のような人々も、「取り戻すべき」理想の価値観を戦前の日本に見出していたならば、これはⅠというよりもⅣといえるかもしれない。個人の人権の抑圧を本当に始めれば、確実にこれはⅣになるだろう。安倍前首相は手法はⅠだったが、目指した方向は実質的にはⅣであった。

さて、このように考えて「前」といっても、進む時の方向性はある。私たちは「前に行く」といっても、「前」方向は同じかといえば、やや右寄りの前もあれば左寄りの前もある。そして、実際の社会では格差と不平等が進み貧困層が相対的に増えているのであるから、格差是正と人々の平等を求める方向での政治を目指すのなら、別に恥ずかしがることも照れることも逃げることもなく、「我々は伝統的には左の系譜です」といえば良いのである。

ただし、その時に「態度」と時間軸の問題は大事である。時間的には急進的に進めず、手法として独善的な態度はとらないので、その意味では「保守」の価値観、理念、態度を重視するということはいえば良いかもしれない。緩やかな「態度」を保ちつつ——対話を重視し漸進的に物事を変えるという意味である——左派的な政策を進めることも可能である。人間的な幅や懐の深さで国民を安心させることの方が、「立憲民主党は左派ではありません」と躍起になってアピールをするよりもよほど大事なことだろう。

このようなアピールに躍起になっているのは、「左翼＝売国奴」というレッテル貼りをするネット右翼のような人々を必要以上に意識しているからではないかと推測される。現実に政治史を見れば、何事も少数派から始まっている。枝野氏自身も中島氏との対談では、保守の大平正芳元首相や田中角栄元首相が社会党の政策を取り入れていったことを認めている。左派が最初に提案したものを、その後、保守が実現してきたのである。左派が社会を進めてきた部分があるのは事実であって、左派であることは、何も恥ずかしいことでも隠すべきことでもないのである。

さて、再びマトリクスに戻る。まず、中島氏はパターナルかどうかを一つの軸（X軸）としている点がおかしい。中島氏はパターナル（価値に介入・父権的）の反対に寛容という意味でリベラルを置いている。だが、「リベラル」を自称している勢力は新自由主義者のもつ弱肉強食思想には反対しているのであるから、この「リベラル」派の思想の中にもパターナリズム的なる側面はある。中島氏は価値観に介在しないのがリベラルだというが、実際にはそうではない。「正しい生き方」や「あるべき国家像」というような個々人の価値観に介入してこないのが「リベラル」なのだとすれば、まさに新自由主義は最大のリベラル派ということになる。何でも好き勝手にやっても良いのが新自由主義である。これはもっと行くとリバタリアニズムと呼ばれる立場にまで進む。だが、今の自称リベラル、私自身はこの立場を「左派・リベラル派」と呼んでいるが、この立場はあらゆる価値観に介在しないわけではない。

中島氏がこのマトリクスを考えた理由も分からないこともない。おそらく、中島氏がこれを考えた一番の理由には、冷戦の終結後旧来の革新派が色あせた「革新」という言葉を急に捨てて（あるいは隠してしまい）、いきなり「リベラル」を名乗りだしたことへの違和感があったのだろう。旧来の左派勢力は冷戦の終結後、革新という言葉が色あせたのでこれを捨てて、自分たちの政治的立ち位置を説明しようがないので、いつの頃からかリベラルと自称し始めた。時期的にいえば、一九九〇年代の中盤くらいからだろうと思われる。政治の政界では自民党と新進党の保守二党に対抗する勢力をつくる時に「社民リベラル」や「民主リベラル」という言葉が使われた。

「リベラル」とは自由のことであるから、冷戦時代の革新派の生き残りの人達が自分たちの立場をリベラルと自称し始めたことに違和感があったことは事実である。今でも多少の違和感はあるにはある。中島氏がこのおかしな言葉の使い方への違和感から、「リベラル」は「保守」

の対立概念ではなく、実は「保守こそがリベラル」だと言い出した心情までは理解もできる。

6　九〇年代には複数の流れがあった日本の「リベラル」派

とはいうものの革新派からすれば、冷戦終結後、左派・革新派がリベラルを自称したことはそこまでおかしいことでもなかった。その理由はいつくかある。まず一つ目としては、アメリカの社会自由主義がリベラルとなり、アメリカではこれが（旧来の）左派を指す言葉となって、共和党に対する民主党の政策の中核になったということである。これは、フランクリン・ルーズベルト大統領のニューディール政策以降であるといわれている。「保守」対「リベラル」の構図は、まずアメリカの共和党と民主党の間でできた構図であった。

この構図をそのまま、日本でも「革新」という言葉が社会主義の終焉と同時に死語になった後に旧来の左派が使い始めたことは、いわれのないことではなかった。日本でも冷戦終結後、マルクス主義が退潮したことは認めざるを得ないが、それでも完全に自民党に屈服するわけにはいかないと思った人々が、「革新」に代わる新しい野党の方向性として「リベラル」を自称した。このこと自体、そこまでおかしいことだったとはいえないであろう。

また、中島氏が「リベラル」は「保守」の対立概念ではなく、「保守イコールリベラル」、「保守こそがリベラル」だと主張したくなったのは、自民党の中に従来はあった寛容さがなくなってきたからでもあろう。だが、自民党から寛容さがなくなればなくなるほど、自民党の逆の立ち位置を模索するかつての革新派がリベラルを自称したことも、そこまで理解できないことではなかった。

だが、中島氏は、リベラルを名乗るにふさわしいのは旧来の「左翼」ではなく「保守」であるという考え方である。そして、そこに乗っているのが枝野氏である。中島氏は「保守こそがリベラル」だと主張するのであるが、どうしてもこの主張には違和感を覚えざるを得ない。「保守こそがリベラル」なのではなく「リベラルと称する立場の中には、旧来の良質な保守思想や態度を継承する部分もあった」という説明をすべきであろう。

なぜこのようなことにこだわるのかといえば、そもそも一九九〇年代の日本では、「リベラル」は一つの意味ではなく複数の意味があったからである。政界では、九〇年代以前からも「リベラル」という言葉は少なくとも二つの文脈で使われていた。高野孟氏によれば、九〇年代の山花貞夫氏による新党が構想されていた頃は、「リベラル」には保守リベラル、社民リベラル、市民リベラルの三種類のタイプがあったという(平野貞夫・高野孟・木村朗『昭和・平成戦後政治の謀略史』、二〇一八年、一九三頁)。

高野氏によれば、当時の保守リベラルは人物でいえば鳩山由紀夫氏、政党でいえばさきがけ、自民党の一部、社民リベラルは横路孝弘氏、山花貞夫氏、新民連、連合参議院、社会党一部、市民リベラルは菅直人氏、海江田万里氏、市民リーグ、リベラル東京会議、日本新党などだったという（平野・高野・木村、二〇一八年、一九三頁）。このように当時から「リベラル」という言葉は多義的な意味で使われていた。したがって、冷戦終結後、旧来の左派陣営の人たちが「リベラル」を自称したのも、複数ある「リベラル」の中の社民リベラル部分と市民リベラルの辺りを指していたという歴史的文脈を思い起こせば、何も不思議なことではない。

一九九〇年代には、保守、社民、市民の三つの「リベラル」があったわけであるが、それ以前からも「リベラル」は少なくとも二つあった。これは自民党内にも社会党内にもいた。自民党の中で「リベラル」という言葉が使われる時には、極右やタカ派の人々との対立的な概念で説明されていた。五五年体制の末期まで現役だった大物政治家でいえば後藤田正晴氏や宮澤喜一氏である。大平元首相や鈴木善幸元首相なども この系譜であり、自民党のリベラルは宏池会の流れである。

社会党の中では極左や革命主義、マルクス・レーニン主義との対立概念であり、これは、西欧型社会民主主義路線の方であった。だが、五五年体制の時には社会党は全体として「革新」の用語を好んで使っていた。そのために、当時「社会党リベラル派」という言葉は存在しなかった。だが、冷戦の終結後、この右派（社会民主主義路線の人々）が好んで「リベラル」という言葉を自分たちの立ち位置を指す言葉として自称し始めた。歴史的にいえばこういう事実があったのである。したがって、中島氏が自分は「数あるリベラルの中でも自分は保守リベラル」なのだと宣言するのであればそれは理解できるのだが、「保守イコールリベラル」、「保守こそがリベラル」だというとおかしくなってくるのである。

　中島氏が「保守こそリベラル」だと言い出し、「リベラル保守宣言」をしたのは、おそらくは、二つの意味からだったのだろうと推測される。一つは左派が自称としてリベラルと名乗ることへの違和感であり、もう一つが自称保守の人々が全く本来の保守の価値であった寛容さや人間理性の懐疑という基本的な「態度」を放棄したことへの失望や怒りからであろう。もっと分かりやすくいえば、中島氏の言いたいことは、「安倍前首相は保守ではなかった」ということなのであろう。

　中島氏の主張の一つは、保守とは大平元総理やその政治的な系譜である宏池会的なものであって、安倍前首相的なものではないということであり、もう一つは、それゆえに（本来、「理性による設計主義」のはずの）、「左翼」が「リベラル」を自称していることはおかしいということであろう。ここまではよく理解できる話である。

　だが、それはそのままいえば良いだけの話であって、「リベラル保守宣言」などとわざわざいう程のものではない。「リベラル保守」は全く新しい概念でも何でもない。この中島氏のいう「リベラル保守」は戦後の政治の文脈でいえば、まさに「保守本流」を指しており、宏池会の立場であった。新しい政治的立ち位置ではなく、戦後の自民党内で主流だった立場である。それを今更、宣言すること自体がおかしいのだが、それくらいに自称保守（この人々はただの保守ではなく「真正保守」と称した）がその態度において「保守」的ではなくなったことへのいら立ちと批判からだったことまでは理解できる。

だがこのことは、新自由主義を支持するのか、日本でいえばこれまでの保守政治及び社会民主主義側を支持するのかをいえば良いだけの話である。このような説明を用いれば、今の政治状況も十分に説明できる。この対立軸は以前からあったものである。以前からあった軸で今でも十分に説明はできるのである。

もともと、日本の政治においては、「保守」も「革新」もデモクラシーの発展を目指してきた。そもそも、日本にリスクの個人化を主張する政治勢力などなかった。明治の自由民権運動以来、日本の保守政党の先達もデモクラシーの拡大を求める運動をしてきたのであって、格差の拡大と強者をより強者にするために政治運動をした人など誰一人としていなかったのである。

これは戦後の保守対革新の時代もそうであって、手順、順番、手法が違うだけであって、格差の拡大を政治目標として自己責任を強調する政治勢力など、一貫して存在しなかった。戦前から考えてもそうなのである。リスクの個人化とリスクの社会化という軸は、日本において長期的には政治の対立軸にはなりえない。もし、これが政治の対立軸たり得るとするならば、日本においては小泉純一郎政権以降の話である。

リスクの個人化を主張する勢力とリスクの社会化を主張する勢力が対立してきたわけではない。どこに対立軸があったかといえば、持つ者の側に立つか持たざる者の側に立つかにあったのである。いうまでもなく、「持つ者」の側に立つものが大体は保守であり（地主階級など）、

「持たざる者」の側に立つものが戦前であれば無産政党であった。これが、戦後であれば「革新」勢力となった。これが最も素朴な対立軸で、この軸は決して今でも消滅したとはいえない。

ただ、日本の場合が特殊だったのは、「保守」でも「革新」でも戦前から戦後も五五年体制の頃までは、弱者擁護と人間の平等の実現という価値観はうっすらとではあっても共有していたということである。つまり、保守側も日本の場合には露骨に「持つ者」すなわち「強者」のための政治だけを進めてきたわけではなかった。このことから、自民党政権が実際には社会民主主義的な福祉政策を実施するといった、社会党が数年前に主張していたことが自民党政権で実現していくということが五五体制の頃にはしばしば起きたのであった。このことが、社会党が政権を取れなかった大きな理由の一つでもあった。

したがってこの、リスクの社会化とリスクの個人化を歴史的な政治の対立軸と考えるのは間違いである。敢えて、どうしてもこういうことがいいたいのであれば、それはアメリカやヨーロッパでは貴族や富裕層は自分の権益を守りたいと考えてきて、さらには税金で弱者や貧困層の救済を行うことに強く反対してきたのだと書けば良い。政治の対立軸として、この軸は日本においては近代化以降、今日まで長い時間、存在していたものではない。日本でこんな軸がさも信憑性をもって説明に使えそうになったのは、小泉政権退陣後の二〇〇六（平成一八）年以降である。

もう一方のリベラルとパターナルの対立軸で政治を説明することについてはどうであろうか。

中島氏の書いたものを読めば、人々の価値観に「踏み込む」のがパターナル（父権的）で、他人の価値観を「認め」、内面に「踏み込まない」のがリベラル（寛容）という構図のようである。

そして、中島氏はこれでほぼ全てを語っている。本人の言葉を引用しておこう。

例えば中島氏は「この『寛容としてのリベラル』という考え方は、ここからさらに変化します。他者の考えや宗教に対して寛容になるのなら、相手にも私の宗教や考えに対して寛容になってほしいという相互関係が期待されるようになっていくのです。自分は相手の信仰や思想、価値観に干渉せず、自由を認める。だから私の自由も認めてくれ、ということですね」（中島、二〇二一年、四二頁）とリベラルのもつ特徴を述べている。

そして、パターナルに関しては「リベラルが互いに思想や価値観の自由を保障する考え方であるならば、その対立軸となる『パターナル』は『強い力を持った人間が、相手の思想や価値観に介入していく』という考え方です。パターナルは『父権的』と訳されます。（中略）これを国家レベルで見ると、パターナルとは、国家が個人の考え方や内面的な価値観に介入するということになります」（同、四三頁）と述べている。

さらに、「パターナル」と「リベラル」を対立する概念とする中島氏は「これが、先の図のX軸にあたる『価値』の問題です。図の右に行けば行くほど、権力を持つ者―国家が、個人の価値観に対して介入・干渉を強めることになる。逆に左に行けば行くほど、多様性に対する寛容が強まり、個人の価値観に対する権力的な介入が少なくなることになります」（同、四四頁）

と述べる。当然ながら中島氏自身は自らを「リベラル」の方に位置付けており、そして、「保守こそがリベラル」だというのが中島氏の立場である。

確かに分かりやすい解説であるし、一見、この軸で政治や思想的立場または態度といったものを理解できそうにも思えてくる。だが、本当にリベラルは他人の価値観に踏み込まないのだろうか。結論からいえば、そんなことはあり得ないのである。そして、逆にパターナルは人々を抑圧するものだろうか。これも必ずしもそうとも言い切れないのである。

7 「リベラル」は本当に態度として「寛容」なだけなのか?

もちろん、ここで中島氏は「権力を持つ者―国家が…」という書き方をしているので、この問題を全て権力（国家）との関係、国家のありようという観点から考えれば、国家権力が個人の内面にどこまで介入しても良いのか、全く介入しないことが望ましいのかという議論は、それはそれとして成り立つだろう。緩い国か取り締まりの厳しい国かというイメージである。だが、国家と個人との関係だけではなく、もう少し広く「リベラル」の本質やその特徴と「パターナル」の本質や特徴の問題を考えれば、「リベラル」と「パターナル」を対立させて説明をすると、非常におかしなことが次々に生まれることに気づかされる。

この点は日本社会では充分に議論されてこなかった。このことから、例えばヘイトスピーチ規制の動きが起きた時にずれた議論が噴出した。在日韓国人の人々を侮辱するヘイトスピーチを規制しようという動きが出た時に、「それは表現の自由を規制するから問題だ」という奇妙奇天烈な議論が一部から出た。こんなことを主張したのは、日頃は改憲を唱える右派で差別主義者が大半だったと思われるが、そういう全く憲法の理念と対極にある考え方を持っている人々も、いざ自分が規制される側にまわると、「表現の自由」という戦後的な価値観、憲法に明記された国民の権利を持ち出してきた。

そして、このような奇妙奇天烈な反論をされてしまうと、一瞬、確かに……と考え込んでしまう人々も出てきてしまった。「表現の自由」を持ち出された途端にどんなにならず者が人権侵害をしても即座に反論できないという奇妙なことが実際に起きた。理由は「表現の自由」は通常、いわゆるリベラル派にとって非常に重要な価値であったからである。そして、「表現の自由」は万人のどんな表現にも認められるべきだと誰かがいい出せば、一瞬でもそうかもしれないと思ってしまう人も一定数いたからである。

なぜ、こういうことが実際に起きてしまったのだろうか。これは、本来は弱者や少数派を権力から守るための条文である「表現の自由」が、差別をすることも権利だといわれた時に、一部の人々が、即座にそれはおかしいと反論できなかったからである。中島氏の定義であればリベラルは価値観に踏み込まないということである。だが、これは全く現実にそぐわない議論であって、実際のリベラル派はどんな価値観をも無条件で認めているわけではない。

また、そもそも「パターナル」の反対に「リベラル」を持ってくることも無理筋なのである。権力が個人に価値を押し付ける政治と価値を押し付けない政治を対比させたいということまでは理解できる。だが、それでは「リベラル」はただの「態度」(寛容であること)であって、価値を含まないのだろうかという問題がでてくる。結論からいえば「リベラル」は「態度」であると同時にそれ自体にいくつもの価値を含んでいる。

「リベラル」のもつ美徳が「寛容」であることまでは間違いない。ここで次に中島氏は、「寛容」と「保守」を結びつける。「リベラル」は「寛容」であり、「寛容」は「保守」の美徳である。だから「保守こそリベラル」という主張につながっていくようである。だが、それは本当にそんなに簡単に直線的に結びつくものなのだろうか。実際には「寛容」であるからこそ、「非寛容」過ぎる思想は認めないという筋は「リベラル」派の中に厳然とあるのである。

これは禅問答ではない。「非寛容」(つまり差別主義者)まで「容認する」となってしまえば、「寛容」な世の中を目指すために、できるだけ様々な人を認めるという社会自体が成り立たなくなる。「リベラル」は(個人の)価値観に踏み込まないという定義をした時点で、この社会はとんでもないことになってしまうのである。

仮にこれは国家と個人の間の問題に限ることであって、個人と個人の間の問題は、価値観と価値観でぶつかれば良いということなのだとしても、それでも社会は混乱をきたすであろう。今、ヘイトスピーチを例に挙げたが、「全ての人を尊重する」という理屈から、「あらゆる言論の自由」を認めると差別的な言論も認めることになり、結果として、「全ての人を尊重する」という建前がその逆の「全ての人を尊重できない」社会をつくることになるのである。したがって、「リベラル」の意味するものは、ただ単なる「寛容」ということだけではない。「リベラル」は最低限度のラインを守った上での「寛容」なのである。

このことは実際に私がある経験から改めて考えた問題であった。昨年の秋、私はある運動をしている小さな慎ましやかな団体で冊子を作ることとなった。共同代表の方が冊子を作るための原稿をメンバーから集める際、内容も分量も体裁も自由だといわれた。自己紹介でもエッセイでも論文でも漫画でも挿絵でも良いとのことであった。まさにここに「自由」という言葉が登場した。これは重要なことである。形式、内容、体裁について編集者は介入しない。だが、その代表の方は「戦争賛成と差別賛成以外なら」という留保をされた。

我々の立ち上げた団体は、いわゆる思想的には世間でいう「リベラル」な団体ということになるだろう。戦争と差別に反対する会であった。この大きな価値の下で成り立っている会であって、「なんでも認め合う」からといって、さらに「他人との差異を認めてお互いを尊重する」からといって、差別主義者や戦争遂行を主張する人までをこの会のメンバーとして認めているわけにはいかないのである。この会で許される言論の範囲内に「戦争賛成」と「差別賛成」だけはないのである。

では、このことをもってこの団体が偏狭な団体かといえば、そうでもない。こんなことは常識レベルだといってしまえばそれまでであるが、それでも「リベラル」は「自分の自由」を認めて欲しいと考えるゆえに、「世間のあらゆる人の自由も認める」とはならないのである。そして、そのことが悪いわけでもない。つまり、「リベラル」は「寛容」という態度の問題であると同時に、一つの価値も持っているということである。

この会の話に戻れば、反戦・反差別の部分さえ踏まえて、この価値観にさえ反対しなければ、他の部分に関してはそれぞれの人々の自由である。信仰の有無が問われることもないし、消費税について減税が望ましいと考えるか増税すべきと考えるかについての意見が問われることはない。好きな音楽が何かなど、そもそも質問さえされない。だが、反戦・反差別という思想を持っているかどうかは、会に入るにあたってきちんと確認される。いかに「寛容」の精神で人々が集まったとしても、戦争を賛美し差別に賛成する人まで抱え込むことはできないのである。これは「リベラル」が「態度」の問題であると同時に、それ自体として、一つの価値をも含んでいるということの一つの例である。

8 「パターナル」であることは「寛容」であることと対立するのか？

では、この態度が「他人の内面に（一部）関与する」から「パターナル」なのかといえば、そうともいえないだろう。例えば「お前はこう生きなければならない」、「お前たちは反戦・反差別運動をしなければならない」と学校で権力をもった教師から強要されれば、それはいわば左派のパターナリズムになるだろう。父権的である。だが、我々の会は権力を用いて人々を強制しようとはしていないので「パターナル」ではない。しかし、では、メンバーの「価値観」に踏み込まないのかといえば、ある部分に関しては踏み込むのである。

そもそも、この会に関しては賛同する人しか来ないのであるから、それは他人の内面に「踏み込んだ」ことにはならないという解釈も可能ではある。だが、「価値観に踏み込まない」ということが「リベラル」であるという定義からするならば、実際には「どんな価値観をもった人」も認める人などは存在しないのであるから、「価値観に踏み込むのがパターナル（父権的）」でその逆がリベラル（寛容）という説明は非常に無理がでてくる。

確かに国家と個人の間の問題ではこの軸は有効かもしれないが、社会問題をこの軸で語れば至るところで矛盾が噴き出すことに気づく。また国家と個人の間の問題で考えても、この軸で語ることはやはりおかしい。なぜなら、国家が完全に人々の生活に介入しない、または人々の行動を規制しないようになれば、それは国家の死滅を意味する。中島氏のマトリクスでいえば、最終的に左にいけばいくほど、政治も行政も要らなくなる。そうなれば、究極の「リベラル」（マトリクスの最も左側）は政治・行政の否定であり、行き着く先は国家の死滅である。このことから、「リベラル」は新自由主義と親和性を深めることとなる。

そもそも、政治とは価値をめぐる闘争である。「寛容」というのは態度であるとともに一つの価値だが、どこまで「寛容」であった方が良いのかということ自体が、極めて政治的な論争的なテーマとなるのである。

さて、これまで述べてきたことを再度まとめたい。リスクの個人化かリスクの社会化かというのは、ついこの前まで日本になかった軸である。こんなマトリクスに政治家と政党を落とし込むことに意味はない。「お金をめぐる軸」などと言わずに、明確にはっきりと新自由主義か社会民主主義かという部分に今までも軸がありこれからも軸は残り、どちらを選ぶのかといえば良いだけの話である。

「リベラル」と「パターナル」を対立概念として直線上に表すのも不適切である。これに政治家や政党を一枚の地図の上に張り付けることにもあまり意味がないが、思想的な対立概念でないものを対立させているところに違和感を覚える。そもそも「パターナル」(父権的)の対義語は「リベラル」ではなく、「マターナル」(母性的)といわれている。父権的の反対は「寛容」ではなく、母性的なのである。イメージ的には「厳しく怖い」のか「優しく包み込む」かの違いなのである。「寛容」の反対は「父権的」ではなく、「不寛容」または「偏狭」や「狭量」である。

そもそも、中島氏は「左右で政治を語れなくなった」からこのマトリクスを考えたはずなのに、あるインタビューでは「そして、安倍さんのパターナリズムを疑いながら、左のパターナリズムも疑うのが、庶民の叡智に基づいたリベラルというものだと思います」とも発言している（出典：ジャーナリスト江川紹子氏によるインタビュー。二〇一七年一〇月二〇日のネット上の記事）。

ここで中島氏は「左のリベラリズム」ではなく「左のパターナリズム」と述べている。変な感じがするが、もしかすると、右にも左にも「リベラル」と「パターナリズム」があるのだろうか。そういう考え方も成り立たないわけでもないだろう。X軸を左右、Y軸を「パターナル」と「リベラル」とすれば、右派リベラル、右派パターナル、左派リベラル、左派パターナルと四つの立場を想定することもできなくはない。図でいえば次のようになる。

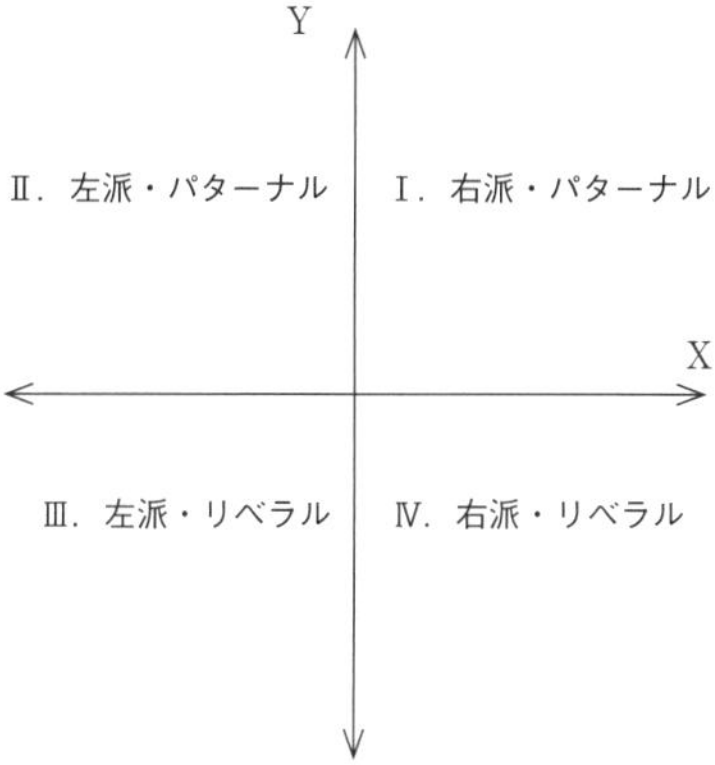

　確かに現実の人間社会には右派にも左派にも父権的で押し付けがましい強権的な人もいれば、飄々として寛容な人もいる。人間個々人のレベルに、この話を落とし込むと、思想にかかわらず「寛容」な人も「父権的・権力的」な人もいることは確かである。私たちは日常的にこのことは理解できる。だが、このような「左派のパターナリズムも……」というようなことをいった時点で右派と左派を前提として話をしていることになるのだから、「左右で政治が語れなくなったから新しいマトリクスを考え出した」という中島氏は、自分自身の意図自体を自分で否定することになっている。
　私は今でも右派と左派という分け方は多分に有効だと考

えている。それどころか、アメリカやヨーロッパの政治をみれば、行き過ぎた新自由主義の反動で旧来の左派も盛り返している。アメリカはトランプ前大統領で無茶苦茶になったが、ヨーロッパでは国粋主義も台頭している一方、左派の方も復活してきている。日本でも人々の意識次第では、今後どうなるかは分からないのである。

中島氏は「（権力からの）価値への介入」という軸でパターナルとリベラルを対比しているが、その時の「価値」と何なのだろうか。心の問題を指しているのか生活態度の問題を指しているのかも曖昧である。生活態度も、実は心の問題の延長線上にあるのだから（勤勉に生きるかダラダラ生きるかもとどのつまりは個人の心の問題である）、そこに介入するのもパターナルであるとはいえる。勤勉に生きることが「良き価値観」だと、学校や会社で権力側からあまりに日常的に推奨される社会になれば、それは確かに息苦しい社会になることが予測される。

だが、政治や行政は絶対に人々の行動に一定の枠をはめることをしてはいけないのだろうか。具体的にいえば、国庫から税金を資金として、生活態度の悪さ（ギャンブル、浪費、収入以上の支出を繰り返すなど）から人生が破綻した人に多額のお金を出して救済することにした場合、支給するお金の使い道については、生活必需品や家賃に限るとかパチンコや競馬にはお金を使ってはいけないとか携帯電話代はこの範囲までだと行政が個人を指導することはやってはいけないことだろうか。

今はやっていないが、今後、私はこのようなことをやっても良いと思うし、むしろするべきであると考えている。今後、ベーシックインカム導入の話が本格的に出てくるとすれば、お金の使い道は自由にしても良いのかという議論は必ずしなくてはならないであろう。政府がベーシックインカムで人々を貧困から救済しようとしても、そのお金を飲み代とギャンブルに使う人が続出すれば、全く何の意味もなくなってしまうからである。

このようにいえば、私は「左派・パターナル」だということになるのだろうが、私は好んで「パターナル」に行っているわけでもないし、権力は極力、個人の内面に関与すべきではないというのが基本的な考え方ではある。だが、公的な資金が個人の生活に対して出される場合には、その使い道の範囲程度は関与しないと、いくらお金があっても足りないことになる恐れがある。このように考えると、パターナリズムは悪いことばかりとはいえない。福祉政策によって人々を生活の破綻から救う時に、その引きかえとして一部、権力が人々の生き方に介入すること、そこまで政府の仕事の範疇に入れることに対しては、新自由主義以外の人々、現段階における自称リベラル派の人からも、大きな反対意見も出るかもしれない。中には行政は人々を救うためにあるので給付金を出すことには賛成だが、使い道は行政に縛られたくないという人も出てくるであろう。

だが、私の想定しているようなパターナルな社会は、人々を苦しめるものではなく、むしろ困っている人々を少しでも救済する社会である。必ずしも息苦しい社会を作るものとはならないだろう。むしろ、皆で「助け合い」をする「寛容」な社会である。人々が救済されるべき目的は国民の全ての人の最低限の生活の維持にあるので、行政から支給されるお金の使い道には厳しく一定の枠をはめるという社会は、今後、構想されてもよいはずである。このように考えれば、「寛容」と「パターナル」は必ずしも対立しないのではないだろうか。

9　分かりやすい「右派―左派」観に対する疑問

政治学者の山口二郎氏は、もっと分かりやすく従来型の「右派―左派」観を説明している。山口氏は『政権交代論』（岩波新書、二〇〇九年）の中で、「左派と右派の最大の違いは、人間という存在を基本的に同じ価値をもつものと考えるか、そもそも異なったものと考えるかという点に由来している。左派は、人間は等しく人間らしい生活ができるようにすべきだというのが基本的な考え方である。世の中の動きを放置しておいても、自然に平等が実現しない以上、政治の力で社会における不平等拡大の動きを是正すべきだということになる。右派は、人間はすべて能力も個性も異なるという前提でものを考える。だから、経済的な意味でも格差が生じて当然だという考えに至る。そして、人や企業が自由に活動することにお節介をしないようにすることが、政治の重要な理念ということになる。このような左右の対立は、政府の役割をめぐって、大きな役割を期待するか、小さな役割に局限すべきかというおなじみの対立軸とも重なり合う」（山口、二〇〇九年、三二頁）と述べている。

これは理解しやすい定義ではあろう。だが、本当に右派と左派の特徴はここで山口氏のいう通りなのだろうか。そして、この説明は、最大公約数的に説明されており、一般的な説明としてストンと万人の胸に落ちるだろうか。私はこの山口氏の説明にも違和感を覚えざるを得ない。山口氏は「左派は、人間は等しく人間らしい生活ができるようにすべきだというのが基本的な考え方である。世の中の動きを放置しておいても、自然に平等が実現しない以上、政治の力で社会における不平等拡大の動きを是正すべきだということになる」と述べている。ここはおそらくその通りであろう。大体において社会運動や政治運動に自らに乗り出す人々は「世の中の動きを放置しておいても、自然に平等が実現しない」と考えているからである。私自身もそのように考えている。

だが、次の「右派は、人間はすべて能力も個性も異なるという前提でものを考える。だから、経済的な意味でも格差が生じて当然だという考えに至る」の部分はどうであろうか。この部分はもっと、様々な角度から丁寧かつ慎重に考えなければならないのではないだろうか。実際には「人間はすべて能力も個性も異なる」と考える人がそのままイコール「だから、経済的な意味でも格差が生じて当然だという考えに至る」わけではない。

山口氏自身は自他共に認める「左派」であるから、「左派」である山口氏が「右派」の人々の傾向をこのように理解していることまでは十分に理解できる。だが、「人間はすべて能力も個性も異なる」という人間観が「だから、経済的な意味でも格差が生じて当然だという考え」

にそのままストレートにつながるかどうかは検討が必要である。「人間はすべて能力も個性も異なる」と考えるからこそ、「世の中の動きを放置しておいても、自然に平等が実現しない」ので、「政治の力で社会における不平等拡大の動きを是正すべき」だと考えている人も社会には多くいるはずである。

この場合、さらに二つの意味合いからこう考えることができることに気づく。一つの面は「人間はすべて能力も個性も異なる」からこそ、そのまま放置すれば社会的な格差（この場合は特に経済的格差という意味）が開くので「政治の力で社会における不平等拡大の動きを是正すべき」という考え方である。もう一つは「人間はすべて能力も個性も異なる」ものであり、その違いは最大限、社会（組織の中など）において尊重されるべきものであったとしても、社会的・経済的な格差だけは極力小さい方が望ましいという考え方である。この二つの考え方に共通しているのは「人間」は「それぞれ違う」ものだが、だからといって、生活水準まで著しく違う社会は望ましくないというものである。

前者は中島氏的にいえば「左派・パターナリズム」だといわれるかもしれない。こちらの方は、政治による強制力の発揮はある部分で必要だとする思想が根底に存在する。後者は、人間の内面のあり方、特に人々が個々にもっている感受性、嗜好、生き方などについて、権力が介在することを拒否する部分に軸足があるので、よりリベラル的な考え方が根底にある。しかし、通常この二つの考え方は混在しており、人々は日常においては、意識の上でそこまで切り分けて考えてはいないようにも思われる。

だが、山口氏のいう「右派は、人間はすべて能力も個性も異なるという前提でものを考える。だから経済的な意味でも格差が生じて当然だという考えに至る」の部分については、やはり説明が雑過ぎるということまではいえるだろう。「人間はあらゆる意味で同じではないが、だからこそ、著しい社会的、経済的不平等のある社会は望ましくない」という思想は現実には一定数の人々に共有されているはずである。そして、社会運動や政治運動に真面目に関わっているいわゆる「左派・リベラル派」の人々の間では、この感覚は、わざわざ一から話さなくとも大枠で共有されているのではないかと思われる。

この場合「能力」という言葉を使うから何となく嫌な感じがするのである。大体の場合において、「能力」という言葉が使われる時の論理は「人間には能力に差がある」→「だから稼げる人と稼がない人がいて当然だ」→「だから、格差が出るのはやむを得ない（または当然だ）」という段階で進む。その際に人間の持つ「能力」の中身が吟味されることもなければ、「稼げるか稼げないか」という話が出る時に不況や好景気などの社会情勢が勘案されることもない。非常に雑な「人の能力はそれぞれ違うので貧富の差がでるのもやむを得ない（または当然だ）」という主張が、そのまま深い議論もなくまかり通る。

だが、実際の人間というものはそんなに単純に一元的な尺度で「能力」が測れるものではない。さらに、社会情勢は絶えず変化する。この世は諸行無常である。誰にとっても比較的「生きやすい」時代もあれば、多くの人々にとって「生きづらい」時代もある。多くの人々の努力が、比較的短期間で報われやすい時代もあれば、個々人の努力ではどうしようもない問題の方が多い時代もある。

社会の問題と人間個々人のあり様を同時に考えなければならないのが政治の使命であるはずなのに、この問題は、あまり実際の政治の場で丁寧に論じられているように思えない。政治の場で議論されることは、大半が選挙対策や多数派工作の問題であろう。それも大事なことである。だが、私の経験からしても、政治の場ですら、最も重要な話に割かれる時間はかなり少ないようだ。議論好きの人の多い左派・リベラル派でも実態はこうなのだから、自民党では、さらに「そもそも論」などやっていないだろう。

政治の場で議員や秘書、それを支える非議員の活動家によってすらも時間をかけて議論されないことが、政治に無縁な民間の会社や学校で真剣に議論されているかといえば、そんなことは当然ながらないだろう。結局は政治や社会のあり様に関する議論、社会と個人のあり様に関する議論は、一部の学者、知識人、思想家、研究者などが本を書き、興味のある人は（職場などで議論できないが）本を読んでいるというのが、日本社会の実態であろう。

「権力」という言葉を使う時には、政治学的には権力のほぼ同義語として「国家」という言葉を使うべきなのかもしれないが、この世に生まれた人間が最初に直面する身近な組織といえば、まずは学校であろう。「一律にこうあらねばならない」というような、それこそ、中島氏のいう意味での「パターナル」なるものへの反発を持っている人は多くいるだろう。だが、こういう人間観をもっている人々がただちに「だから経済的な意味でも格差が生じて当然だという考え」に至るかといえば、そうでもないだろう。むしろ、人々はそれぞれ違うが、それでも最低限、この範囲内で生きる権利は誰にもあり、そのために政治があると考えているのがだいたいの「左派」の人々であり、一時前までの良心的な「保守」の人々の基本的な立ち位置でもあったのではないだろうか。

私も今、「右派」ではなく「保守」という言葉を使ったが、やはりここに「右派」と入れると多少の違和感がでてくる。「右派」の人々が、社会の安定や個々人の幸福を絶えず考えていたかはやはり疑問が残る。こう考えると、日本においては戦後、「左派」と「革新」の意味するところはほぼ重複していたが、「右派」と「保守」は重複していなかった、または大半は重複していたが、「保守」陣営の裾野は極めて広かったということなのであろう。

10　政治を見る際に今なお有効なマトリクスの提示

そこで私のマトリクスを示す。といっても、これは私が考えたものではあるが、極めて一般的なものである。X軸は経済政策に対する考え方の軸とする。Y軸は文化に対する愛着度、自国の文化を守るべきかそうでないと考えるかの軸である。これは別にどちらの軸をXとしても

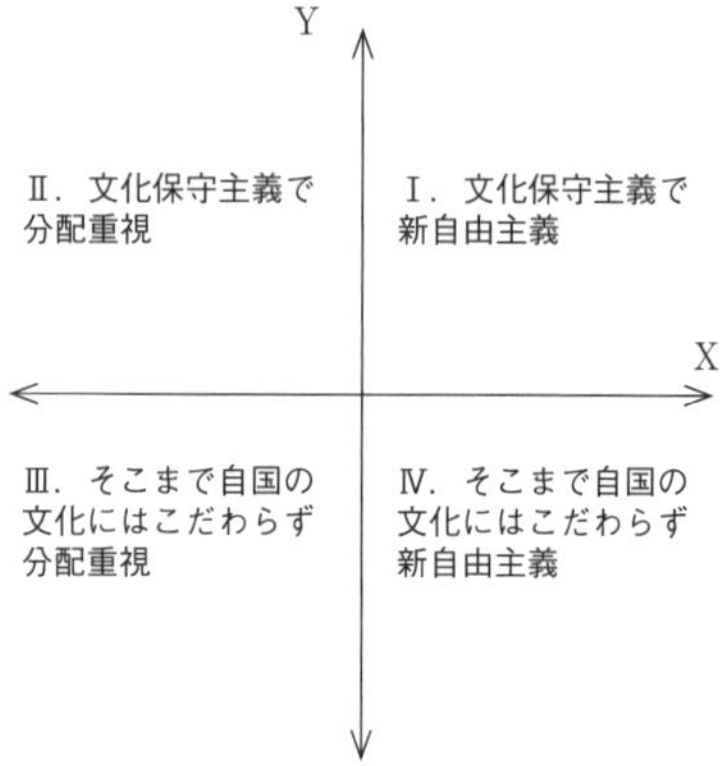

Yとしても良いのだが仮にこのように軸を作ってみよう。

この図では、Y軸を自国の文化に対してどのような態度と持つかという風に緩やかな表現で書いたが、もっとはっきりと述べれば、世界を縦に切って自国と他国に間に線を引く「内―外」軸である。分かりやすくいえば、「右翼」というのは、世界を縦に切って自分を「内」として認識する人々である。この場合、敵は「外」となる。ナショナリズムが勃興する時は、「外」を敵として「内」でまとまろうとするのが常である。この場合、自国における貧富の差は問題にならない。むしろ、この自国における階級対立を顕在化させないようにするために、全体主義に行った国は多い。日本の戦前の「天皇の赤子」というイデオロギーもまさにこの軸によって「内」意識を強めたものであった。

そして、X軸を経済政策に対する考え方の軸という緩やかな表現にしたが、これをもう少しはっきりと定義すれば、世界を横に切って持つものと持たざる者の間に対立があるとする世界観による軸である。これは世界を「上―下」で切る見方である。そして、「上―下」軸においては、通常、自分を「下」と認識する人々から「左翼」運動が起こる。もちろん、「下」に同情する資産家や貴族出身者が思想的に左翼となって、ともに闘う場合もある。「上―下」の格差の是正を目指すのが「左翼」である。象徴的な言葉でいえば「全国の労働者よ団結せよ」というカール・マルクスの言葉は、国境や民族を超えて労働者の団結を訴えていたように、左翼の価値観は「下」から「上」への闘争となる。

したがって、本来は「右翼」と「左翼」は世界を「内―外」で認識するか、「上―下」で認識するのかという、世界観の違いから来ている。そして、右翼と左翼について、これ以上にきちんと説明できる定義はない。この二種類の代表的な世界観は同一線上で論じることはできない。右翼と左翼、右派と左派を一直線上に並べることはそもそも不可能なのである。この二つの世界観を何とか一枚の図で表現しようとすれば、この図のようになる。こうすれば、「右翼でもあり同時に左翼でもある（右派でもあると同時に左派でもある）」人と「左翼でもあり同時に右翼でもある（左派でもあると同時に右派でもある）」という人もいることが分かる。そして、実際にそれは人々の意識の上では全く不可解なことではないのである。

Ⅰから Ⅳの特徴を示すと以下のようになる。Ⅰは政治的にも右派で経済的にも右派である。これを仮に「右・右」（政治・経済）の立場としよう。自国の文化への愛着も強く、外国との違いを強調する意味で、まず「右翼」になる。そして、経済的には一定の格差を認める方向である。自民党の右派は一貫してこの路線であった。思想的右派でナショナリズムに親和的だが、社会の安定にはあまり関心がなく、かつ弱肉強食の社会を認める人々といっても良いだろう。「保守―革新」軸の中に入れれば、「保守」の一番右側である。

Ⅱは政治的には右派であるが、経済的には左派である。これを「右・左」（政治・経済）の立場としよう。他国と紛争が持ち上がった時には協調主義よりも自国の主張を強くすることを支持する。その意味では政治的に「右翼」に近いが、自国内での経済的格差は少ない方が望ましいと考える人々である。北一輝のような戦前の国家社会主義はまさにこのカテゴリーに入るといっても良いだろう。この立ち位置の中には、貧困な労働者も巻き込むことができる。

Ⅲは政治的にも左派であり、経済的にも左派である。これを「左・左」（政治・経済）の立場としよう。排外主義的な傾向も薄く、自国でナショナリズムが台頭して来た時には疑問をもつ人々である。極端に強すぎる愛国心はなく、自国においては、経済的格差は少ないほど良いと考える人々である。この象限は「左・左」の立場であり、旧来の左翼の人々はまさにこのカテゴリーに入る。このカテゴリーの人々は、今では少数派になっている傾向があるが、本来の左派の伝統的な立ち位置でもある。「保守―革新」軸でいえば、「革新」の多数派がこのカテゴリーに位置した。

Ⅳは政治的に左派で経済的に右派である。特徴を挙げれば、グローバリゼーション重視で新自由主義の人々である。日本という国の独自性にあまりこだわっていないので、排外主義的な傾向は薄いが、格差の是正には不熱心な人々である。これを「左・右」（政治・経済）の立場としよう。政治的左派といってしまうと実態とはややかけ離れるが、グローバリゼーションを疑いなく受け入れ、国境を超える資本主義を積極的に是とする人々といって良いだろう。具体的にはグローバル企業に親和的で、自国の農業を保護する政策などには理解がない政治勢力といえば分かりやすいだろう。かつての「みんなの党」や今の日本維新の会の人々であり、第三次民主党から民進党にも、ここにカテゴライズされる議員は一定数いた。

X軸は経済についての軸で、右に行くほど新自由主義的であり左に行くほど分配重視であるとする。左の行きつく先は共産主義だが、それは極端なので社会民主主義の度合いが強まり、国民間の経済格差が左ほど縮まるというイメージである。右ほど自由放任である。その結果出現する社会的・経済的格差についても、国家が介入しないことを是とする方向である。先に論じた中島氏の軸でいえば「リスクの社会化」か「リスクの個人化」ということにもなるのだろうが、私の示す軸は経済活動の自由度である。リスクをどうするかということよりも、結果として生じる貧富の差の拡大をどこまで容認するのかという軸である。

分かりやすくいえば、弱肉強食を是とする新自由主義か、分配重視で経済的格差を極力なくする方向かの軸である。「リスクの社会化」という言い方をしてしまうと、貧しくなった人を最後に福祉で救うという部分も含めて議論することになるが、この軸の左側は貧しい人をセーフティネットで最後に救うことよりも、それ以前に貧富の差をあまり出さないことを目指す政策を採用すべきというものである。当然、この立場に対しては反対派もいるだろう。日本維新の会の人々は当然、反対するだろう。政治が平等を作り出すという仕事までするのか、政治はそこまでの仕事はしないのか、逆に富裕層の自由をもっと認めるのかという論点での軸である。

Y軸は仮に文化軸と名付けるが、ナショナルアイデンティティに対する愛着の軸である。この問題は政治の問題を考える際、どうしても避けることができない。私がまだ右か左かといった分け方が今でも有効だと考えている根拠は、愛国心に関する軸でみれば明確にここに、今の日本人の対立軸を作れると判断するからである。

実際、七年八か月間の安倍政権ではここに大きな対立があった。愛国心というと言い過ぎなので、柔らかくいえば自国の文化に対する愛着度という表現で表すことができる軸である。逆に少し激しい言い方をすれば、排外主義を是とするか排外主義には反対するかである。在日外国人への地方参政権付与の是非をめぐる議論も全てはこの軸で行われている。中島氏のマトリクスでいえば、これが「パターナル」か「リベラル」かということになるのかもしれないが、やはり少しニュアンスは異なる。

安倍前政権の時代に進んだ排外主義的な傾向は何も、政府・政権・権力が個人の内面に押し付けた結果起きたわけではなかった。もちろん、マスコミの報道によって中国や北朝鮮に恐怖心や反感をもった国民は多かったと思われるが、安倍前首相に命令され、厳罰で脅されて国民が右傾化したわけでもなかった。安倍前政権の時代は、多くの「ヘイト本」と呼ばれる本が出版され多く売れた。

これらの現象は安倍前政権の時代に起きたが、中島氏のマトリクスにあるように、権力側（安倍前首相）が「父権的」に「国民の内面に踏み込んだ」結果起きた現象かといえば、単純にそうとも言い切れないであろう。社会の雰囲気が先にあってこれが長く安倍前政権を支えたとも言えるからである。実際、社会の側から自然発生的に起こった排外主義的な動きも多々あった。

そして、自称「真正保守」の人々が一番こだわるのが、この軸による内側への愛着を強調する価値観である。したがって、この軸で政治を見ることは今なお有効である。この軸による分類は今でも無効になっていないどころか、安倍前政権の時代にはむしろこの軸で国民が分断されるほどにまでなった。中国や韓国、北朝鮮への反発が強まれば、この軸で上の方に移行していく人が増えてくる。実際、今の「右傾化」らしき兆候は第二次安倍政権発足以降ではなく民主党政権時代にも始まっていたし、その前の麻生太郎政権の頃に、底流でははっきりと始まっていた。ヘイト本に関していえば、『マンガ嫌韓流』がヒットしたのが二〇〇五（平成一七）年で、二〇一三（平成二五）年から一四（平成二六）年にピークを迎え、この二年間で二〇〇冊以上の嫌韓・反中本が刊行されたという（『月刊日本』二〇二一年四月号のジャーナリスト魚住昭氏へのインタビューによる）。

述べてきた「内―外」軸による文化的な視点と「上―下」軸による経済的な視点は、今でも政治を見る際に有効だと考えられる二つの視点だが、かなり一般的なものである。とりわけ真新しいものではない。しかし、このような整理をしないので、今は政治が見えにくくなっているように感じてしまう。この二つの視点から、二×二で四つのカテゴリーで政治意識を見ることができていないので、安易に「左右で政治を語れなくなった」などといってしまうのである。世界を「内―外」で見る見方と、世界を「上―下」で見る見方は、今でも厳然と現実味をもって我々の思考に大きな影響を与えている。現実には個々の人々も絶えずこの思考で生きている。ある個人がある場合「右翼」（右派）的になるのは、北朝鮮からミサイルが発射されたニュースに接した時や拉致問題のニュースに接した時であろう。ある個人がある場合「左翼」（左派）的になるのは、あまりに安い給料で頑張ってきた仕事すらいきなり解雇宣告を受けた時だろう。通常、我々は日常の生活の中で、そこまで明確に自分の意識やニュースに接した時の自分の心の動きを政治地図上に位置づけて整理していないだけであって、右翼（右派）的思考や左翼（左派）的思考が私たちの中になくなったわけではない。

11 経済的な平等を実現するために権力が私人に介入することは悪か？

先に見たように山口氏は「右派」と「左派」を比較して、それぞれの特徴を述べている。その通りであれば、山口氏がいうように、そもそもの人間観の違いから右派と左派が社会（世界中）に存在することが理解できる。これは分かりやすい定義だろう。そして、今でも説得力を持っている。

だが、山口氏のいう分類では、厳密に人々の政治的立場を分けることも難しい。例えば内面（特に感受性や思想）には関与されたくないが、経済的格差は極力小さい社会が良いという政治的立場の人もいるだろう。そして、こう考える人は、決して社会の少数派とまではいえないだろう。趣味、個人の感受性、価値観、時間の使い方といったものには関与して欲しくないという意味では個人主義者であっても、社会全体から貧富の差がなくなって、ほとんどの国民が経済的にはあまり差のない社会が良いと考えることは、それほどまでには不自然なことではない。そして、「個人主義者」がそのまま「利己主義者」と同義語ということでもない。「個人主義者」であると同時にできるだけ万人が暮らしやすく生きやすい社会のあり方を考えている真面目な人は、社会の多数派ではなくても一定数はいつの社会でも存在する。そして、こういう人々を取り込む政治勢力は今こそ必要なのではないだろうか。

仮にそのような人が国民全体では少なく、一定数にとどまっているとしよう。しかし、この立場に立つ人は社会か個人のどちらを重視しているかと問われれば、両方同じように大事にしているとしか答えようがないであろう。では真ん中かといえば、真ん中でもない。人間個々人の持つ感受性、嗜好、生きる態度といったものに外部の権力的なものに介在されることには非常に違和感があるが、社会格差は少ないほど良いと考える政治的立場は何も不自然ではない。

私は自分が億万長者になったとしたら、たくさん税金を取られることには反対ではなく、社会全体のことを考えれば貧富の差、経済的格差は少しでもない社会が良いと考えており、経済的な部分についてのみは国家が関与することに反対ではない。税制を通じるなどして、ある程度強制的に経済的な面では平準化され、多くの人々が平均的な所得を得て、その平均も両端が著しくかけ離れていない狭い範囲に大半の人が集中していることによる平均であり、その平均的な所得で満足に生活できる社会を作ることが、政治の役割として一番大事なことではないだろうか。

これは一見、社会主義のように思われるかもしれないが、これはマルクス主義的な思想のみならず、東洋の儒学思想にもある。富の再分配は社会民主主義的であるが、『論語』の「貧しきを憂えず、等しからざるを憂う」という言葉は古来、東洋においては、政治を行うものが一番、重視すべき考え方であった。

儒学は『論語』(孔子)が倫理学であり、『孟子』が政治学である。儒学においては個人の生き方、倫理的、道徳的な生き方の問題と安定した社会をどう作るのかの重要性が両方、同等に問題となる。この個人の問題と社会の問題は同等に大事であって、どちらかをおろそかにして良いというものではない。『大学』の八条目である「格物」「致知」「誠意」「正心」「修身」「斎家」「治国」「平天下」が、儒学が個人の生き方に関する倫理学でもあり、社会のあり様に関する政治学でもあるということを示している。今の日本ではほとんど儒学は顧みられないが、西洋の政治学だけが政治学なのではない。そもそも、儒学は経世済民の学であり政治学・経済学そのものである。

税制を通じて貧富の差はいくら拡大しても一定の範囲内には収めきるか、あるいはそれができないなら最低保障のレベルだけは最初に明確にして国が保障するべきだという考え方はもっと意識されても良いであろう。また一度、国家が介入してもすぐに個々人の生き方によって貧富の差はまた開くであろうと予測されるので、ベーシックインカムなどで国家が最低保障をする時は、そのお金の使い道まで指定すべきであろう。この考え方は、リバタリアンの真逆である。しかし、必ずしも社会主義ということでもない。社会の安定と個人の内面の自由を両立させるための考え方である。経済的格差が少ない社会ほど、社会は安定し、個人の内面も尊重されやすい社会だという視点に立てば、経済的な平等を実現するために、部分的に公権力が私人の生活に介入することは悪とばかりは言えないであろう。

12 「個人―社会」軸で政治的立場を分けることの無意味さ

人間個人の内面を重視しながらも、一方においては国家の強制力については何でもかんでも反対まではしないという政治的立場はあるはずである。むしろ、新自由主義思想により「違法でなければ何をしても良い」社会が続きすぎた結果、人々の大半を不幸で不自由にしたことがはっきりした。その意味で私はリベラルでありパターナルであって、同時に二つの価値を持っている。そして、これは中間という意味ではない。私自身は、心の問題と経済の問題をわけて考え、経済の問題には政治が介入すべきだと考えているからである。

具体的にいえば、富裕税を厳しくするなどしてより個人の生活に政府が関与しても良いという立場が、もっと政治の場で発言権を持っても良いだろうと考える。これは金持ちが憎たらしいからではなく、社会の安定は社会で生きる個々人にとって何よりも大事だという認識が根底にあるからである。したがって、大きな政府か小さな政府かという軸では大きな政府を選ぶことができても、社会と個人のどちらを優先する価値観を持っているかという軸で選択を迫られれば、選びようがないとしかいいようがない。

「社会―個人」軸で政治的なマトリクスを作ろうとする人もいる。実際に規制の多い社会は「息苦しく」、「個人の自由」や「企業の経済活動」への規制は少ないほど良いと考える人々もいるであろう。これらの人々は「社会―個人」軸でいえば、個人の自由をより欲する人々であろう。だが、実際には個人と社会には様々な関係があり、ある部分で個人の自由を主張することが、そのまま社会の問題を無視することにはならない。特に思想・信条、学問の自由、信教の自由といった個人の内面の自由は最大限、尊重されるべきだと考える人の多くが、個人の自由が大事だからといって、税金による富の再分配に反対する人ばかりということはないだろう。

内面の自由に権力が介入することは断固拒否しつつも、多くの人が平均的な生活ができるように、国家による富の再分配は支持するという立場は、それほどおかしな、または存在することが不可能な立場ではない。つまり、この社会重視か個人重視かという軸自体が政党や政治家の政治的な立ち位置を考える際には意味をなさないのである。もちろん、個人の意識の中でどちらを重視しているかをアンケートすることはできよう。実際に日本維新の会のように行政の無駄を強調して行革を訴え、本当は政治・行政を必要とする弱い個人にまで、行政によってあたかも損をさせられているようなプロパガンダをまき散らす政党がでてきたので、「個人―社会」軸も一見、有効に感じてしまうのである。

だが、「個人―社会」軸ほど、個々の人間の政治的立場を測る時に無意味な軸はない。力士と日本相撲協会を例に挙げて考えても分かる。仮にある力士がいたとして、その力士に個人重視か相撲協会全体を重視するかを問うようなものである。まだ若い利己的な力士は自分さえ強くなれれば良いと考えるかもしれない。だが横綱や大関まで昇進した名力士が引退して、日本相撲協会の運営にあたる理事などの地位になれば、自分の部屋の力士のことだけでなく相撲協会全体のことを考えるようになるだろう。この世の中から大相撲という世界がなくなってしまえば、個人としての「横綱」など存在しなくなるからである。

どこの組織でもリーダーの役割とはそういうものである。これが責任意識というものである。そして責任意識を持つものが責任階級というものである。力士が相撲協会に所属しているように、個々の個人も社会の構成員である。ゆえに、個人重視か社会重視かという軸を作ってどちらを重視するかで政治的な立場を地図に落とし込むこと自体が、全く意味のないことなのである。

政治家は（旧来の意味での）左右のどちらの位置にいても、全体を考える責任意識を持たなければならないし、国民の全てがこういう意識を持つことができないからこそ（序ノ口の力士が相撲協会全体のことを考えられないのと同じである）、政治家には左右を超えて有しておくべき価値の基準があった。政治家の持つ価値観が「個人―社会」軸で分かれてしまえば、どうしようもないのである。だが、実際には新自由主義が日本を席巻して以降、政党と政治家までもこの軸で分かれてしまった。

私は無理やり「個人―社会」軸でどちらかを選択せよといわれれば、個人主義者であり社会主義者であるとしか回答のしようがなくなる。だが、これは矛盾するものでない。社会が安定していなければ個人の幸福もあり得ないと考えるからである。実際に自分が裕福か貧しいかにかかわらず、誰しも社会のことと自分の内面の問題を同時に同等に考えることは重要なことである。

13　今後の立憲民主党の立ち位置について

さて、立憲民主党の進むべきであるが、まずはそこまで新しいことを考える必要はない。私の意見は以下の通りである。

先に提示した図でいえば、立憲民主党のとるべき立ち位置は、ⅡとⅢである。Ⅱは政治的には右派であるが、経済的には左派である。これは「右・左」（政治・経済）の立場である。Ⅲは政治的にも左派であり、経済的にも左派である。これは「左・左」（政治・経済）の立場である。ⅡとⅢの共通点は分配重視であり、反新自由主義である。ここは明確に一致できるはずであろう。先に見たように枝野氏はどうしても自分自身を「保守政治家」と規定したい様子だから、それはそれで良いだろう。先の図でいえば枝野氏はⅡの位置となる。だが、Ⅱの立ち位置に立つことのみを強調してⅢの部分を排除すると網羅できる部分がとても少なくなる。

再度、中島氏のマトリクスを提示すると次頁の通りである。

そして、かつての自民党はⅠとⅡの融合体であったと中島氏は述べる。Ⅱを宏池会、Ⅰを田中派に代表させている。そして、「リベラルな保守」たる立憲民主党はⅡの立ち位置を目指すのが望ましいとの意見を持っているようである。だが、これだと、かつての自民党から失われた部分の一部分を陣地にすれば良いということ以上の提案にしかならない。

再度、私のマトリクスも次頁に示しておく。

間違いなく実際の人々の政治意識はこの私のマトリクスのX軸とY軸が交差して形成されている。特に安倍前首相の時代には、経済軸よりも、コアな安倍前首相の支持者は文化軸を重視して極めて強くナショナリズムに傾斜した。私は立憲民主党の立ち位置は、私のマトリクスのⅡとⅢであるべきだと考える。この図とX軸、Y軸を意識すれば、立憲民主党はⅡも包含することができるので、今後は「保守政党」としての顔も作ってはいける。Ⅱの立ち位置を意識すれば、農村部に立憲民主党の候補者を擁立することも何もおかしくはない。従来の革新勢力は

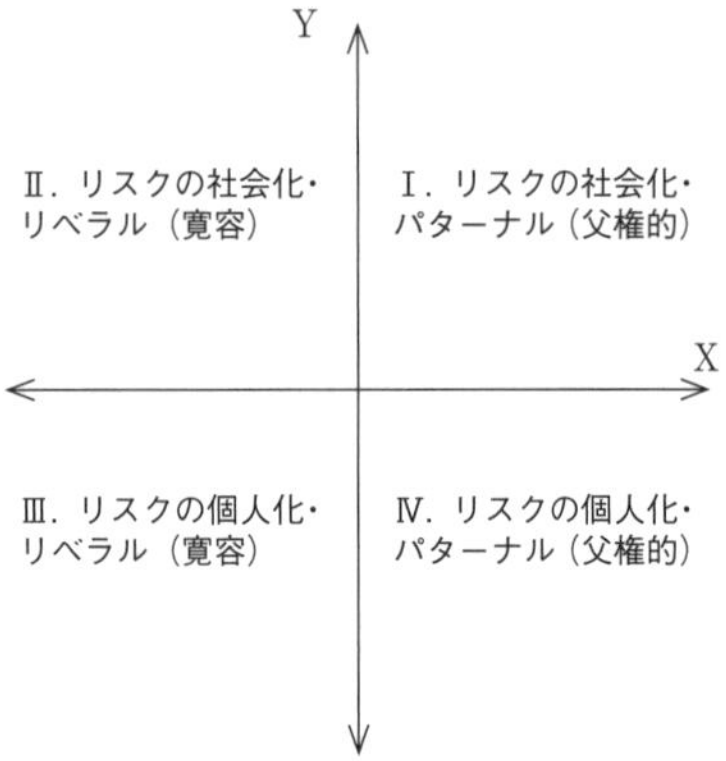

※中島氏のマトリクス

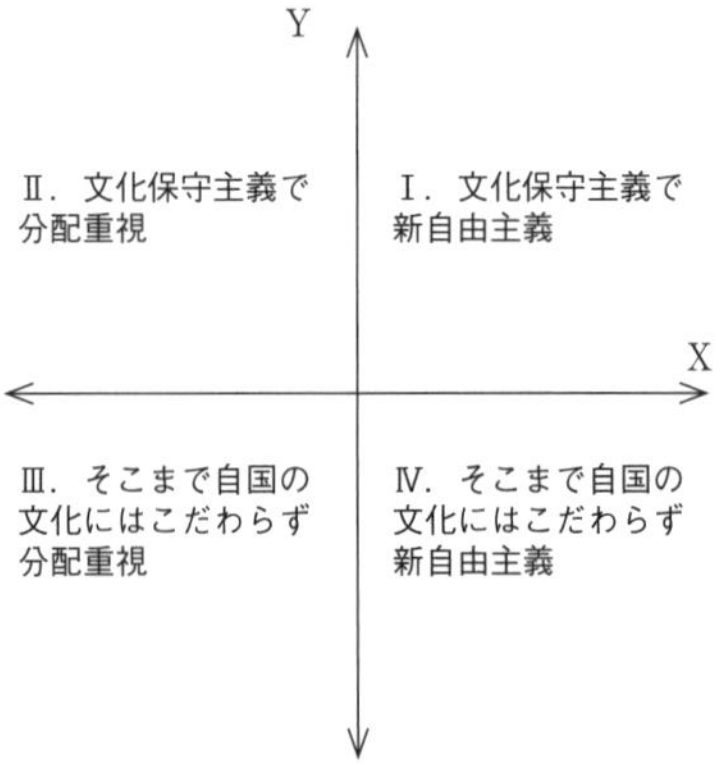

※私（吉田）のマトリクス

Ⅲしか対象にできなかったところに弱みがあったからである。

さて、理念的な話はこのあたりにして、もう少し具体的に実際に存在した政治勢力を例に出せば、新しいあるべき野党像のイメージもしやすくなると思われる。私の意見はかなりシンプルである。今から活動をする立憲民主党は、自民党内のリベラル派と旧社会党の系譜を受け継ぐ政党を目指していくべきだというものである。五五年体制の時の自民党の田中派と宏池会、それに社会党右派の思想を受け継ぐとバランスの良い政党になるだろう。

事実、二〇二〇年の合流新党（新立憲民主党）ではそれに近くなってきた。象徴的にいえば小沢一郎氏と中村喜四郎氏の参加が今の立憲民主党が旧田中派の思想を受け継いでいる部分だと見て良い。ただし、非常に重要なことであるが、これはあくまでも「政治思想」的にという意味である。その「体質」を引き継ぐべきであるということではない。本書では「政治思想」と「体質」の問題を分けて論じたい。

すでにこれまでの章で論じてきたように、平成の政治改革とは、まさに自民党の旧田中派的な金権政治体質と旧社会党の政権を獲得するという意欲を放棄した無気力体質に対しての批判から起きた運動であった。一九九〇年代の政治改革期に激しく批判されたのは、自民党内の金権腐敗体質が野党にまで拡大した結果もたらされた自民党と社会党を含むマンネリ政治であった。したがって、ここで新しい立憲民主党が目指すべきモデルは「田中派＋宏池会＋社会党」だといえば、違和感を覚える人もいるだろう。政治改革期に最も「改革されるべき」古い政治の対象となった政治勢力の系譜を継承する野党が望ましいという主張には、多くの人々は首をかしげるかもしれない。だが、私がここで主張するのは、この三つの勢力の良心的な部分を復活させることで今の自民党に対抗する軸ができると考えるからである。

今の立憲民主党には宏池会出身者は参加していないが、政策的には立憲民主党とかつての宏池会は近づいてきている。また田中派の出身者と社会党の出身者は少しだけ残っている。両者の政治的な遺産は少しずつ継承されているのである。念のために田中派、宏池会、社会党の特徴をまとめておきたい。これには良かった部分と悪かった部分の両方があったことはいうまでもない。

まず田中派の特徴は地方と都市部の不平等を解消し、国土の均衡ある発展を目指し、国民間の格差をできるだけなくすというものであった。『日本列島改造論』に象徴されるこの構想は、田中角栄氏の金権政治にもつながった。そのことから、一方では田中氏は大きな批判を浴びることともなった。だが、田中氏の根底に平等主義があったことまでは間違いはない。これは誰もが認めることであろう。田中氏は国際的な基準でみれば社会民主主義的な政治家であった。

宏池会の特徴は戦後の保守本流である。軽武装・経済発展路線であり、アメリカとは協調しつつも、基本路線は護憲であった。これは吉田路線と呼ばれるもので、日本の戦後の基本的枠組みを作った。アメリカとの一層の緊密な関係をという名分を掲げて改憲を志向するという、安倍前政権とは全く逆の方向であった。官僚政治家の多かった宏池会であったが、宏池会の流れは押し並べて穏当な保守主義の政治を進めた。

社会党は右派と左派に分かれていて、左派は一九八〇年代の冷戦の終結寸前まで極端な社会主義を掲げていた。こちらの流れは日本が高度経済成長に入った一九六〇年代以降、完全に現実味を失った。右派は社会民主主義を掲げていたが、社会党内では主導権を取ることはできなかった。そして、労組依存体質とマンネリ化で政権を担うことはできないまま、冷戦終結後の九〇年代の政治改革期以降も主導権を握ることができなかった。この勢力はかろうじて第一次民主党以降の政党にその系譜を残すこととなった。アメリカとの距離の取り方、日米安保条約に対する考え方が違うものの、戦後的価値観を擁護するという意味においては宏池会とも共通点はあった。

さて、この三つの勢力はそれぞれ、一九九〇年代から二〇〇〇年代にかけて、かつてほどの力を失った。まず真っ先に没落したのは、五五年体制の野党第一党であった社会党であった。社会党はすでに述べたように、一九九〇年代の政治改革期に主導権を握ることができず、右派も左派もそろって没落した。冷戦の終結により社会主義自体が世界的に退潮したので、左派の没落は当然といえば当然であった。だが右派がその後の日本政治で主導権を握れたかといえば、そうでもなかった。西欧型社民政党に脱皮して生まれ変わることに失敗していた社会党右派の多くの議員は、一九九六（平成八）年の民主党に参加した。しかし、その民主党の中でも社会党出身者は主要な位置を得たとは言えなかった。

田中派は小泉改革によって没落の憂き目にあった。小泉元首相が「自民党をぶっ壊す」といって自民党総裁選挙に勝利したのが二〇〇一（平成一三）年四月のことであった。小泉氏のいう「ぶっ壊す」対象の「自民党」とは、つまりは田中派のことであった。時代遅れのハコ物行政が批判されたことは仕方がなかったとしても、小泉氏は田中派の利権であった郵政を解体し民営化し、旧郵政省（現：総務省）や旧建設省（現：国土交通省）など田中派的な勢力の牙城を次々に新自由主義的改革で壊していった。田中派はいわば、「古い政治」の象徴とされた。

宏池会は田中派に比べると利権政治の色合いは薄かった。よく知られていたようにかつての田中派が「野武士集団」と呼ばれたのに対して、宏池会は「公家集団」と呼ばれていた。これは政策には詳しいが戦闘力に欠けるという意味からの揶揄のニュアンスもあったのだが、宏池会はよく言えば保守政党の良心を持っていた。しかし、官僚出身者が圧倒的に多かったことから、宏池会は利権政治とは距離を置きつつも、庶民の味方というような色あいはなかった。この宏池会も今では没落した。田中派と同じような意味での没落ではなかったが、小泉氏以降の自民党が露骨に新自由主義に舵を切る中で、官僚批判は霞が関改革とも相まって、存在感は低下した。そして、決定的に宏池会の系譜が自民党内で存在感を失ったのは、安倍前政権の時代であった。安倍前首相は異様なまでに改憲にこだわったが、その時期に自民党内部で宏池会から護憲の意見が出てくることはなかった。それどころか、民主党政権時代の野党自民党の総裁に就任したのは宏池会出身の谷垣氏であったが、谷垣氏の下で、自民党の改憲草案がまとめられるということになった。そして、現在の宏池会の会長である岸田文雄氏は、安倍前首相を外務大臣、自民党政調会長として支えた。

中島氏のマトリクスに影響を受けた枝野氏は「保守こそリベラル」論を主張し、自分は三〇年前でいえば宏池会の立場だといっている。これだけでは政治的な立ち位置としては、戦後政治のある部分の成果だけしか継承できない。実際の立憲民主党には宏池会出身者が全くいないのにもかかわらず、枝野氏が自分から宏池会の後継者を名乗るというのも少しおかしな話でもあるが、宏池会的な価値観を今後の政界に生かすこと自体は良いことだろう。

だが、かつての宏池会が現在では立憲民主党なのだといえば、それは、小泉政権時代と安倍前首相の時代に自民党から追われたり弱体化させられたりした勢力が野党側にきただけということになってしまう。これだけだと、自民党がまた変化した時には、立憲民主党の立ち位置は自然と丸ごと消滅してしまう。この後、外交政策の部分でも論じるが、現に立憲民主党は野党なのであるから、戦後に存在し、今でも潜在的に一定程度の支持者の存在する野党の系譜を引き継いでいくことも意識していくべきであろう。

第六章　野党の外交政策はどうあるべきなのか

1　村山富市政権と鳩山由紀夫政権の共通点

本章では今後の野党の外交政策を考えたい。もちろん、外交政策というものには国全体としての外交政策があるので、本来は与党の外交政策と野党の外交政策という風に対立して考えるべきではないのかもしれない。どの党が政権を獲得しても、外交分野はそれまでの政策の継続が最も求められる分野である。

そして野党も、著しく非現実的な外交路線を主張しても、なかなか実際には有権者・国民の多数派には受け入れられない。仮に有権者間で一定の支持を得たとしても、いざ実際の政権を獲得した時には大幅な修正を求められるということがある。戦後、政権を獲得した政党がそれまで野党時代に掲げていた外交路線を大幅に修正したことと、総選挙の時点での主張を政権獲得後に大幅に変更しなければならなくなったことが、二回あった。

一度目は村山富市政権である。村山首相は社会党の委員長であったが、自民党との連立政権で首相となり、それまでの社会党の基本政策を根底から大幅に転換した。村山氏が首相の座につくまでの社会党は内部に右派と左派の闘争を抱えてはいたが、全体として日米安保条約に否定的であった。だが、村山氏は首相になって日米安保条約を堅持すると宣言した。それまでの社会党の掲げていた外交政策が非現実的過ぎたために、この政策転換は当然だったという面も確かにあった。だが、政権を担当する以上、結局は与えられた現実の条件の範囲内でしか外交ができないことがあからさまになったという面もあった。

二度目は鳩山由紀夫政権であった。この時は普天間飛行場の移設問題で迷走した結果、鳩山首相は、普天間飛行場を最低でも沖縄県外に移設するという自身の主張を取り下げざるを得なくなった。政権獲得の時点での民主党はかつての社会党ほどには非現実的な外交政策を掲げていたわけではなかった。しかし、鳩山首相の主張していた東アジア共同体構想は、対米自立を目指すという意味では戦後の外交路線のかなり大きな方向転換であった。だが、結局この鳩山氏の構想もまともに議論されることなく、あっという間に葬り去られてしまった。

このように考えれば、今の日本には外交政策はもはや一つの方向しかないように思えてくる。つまりは、日米同盟の一層の深化とアメリカと歩調を合わせて中国の台頭に対抗するという方向である。事実、民主党政権下であっても三人目の野田佳彦首相は最初の鳩山首相の目指した方向からそれまでの自民党政権と同じ方向に舵をきった。そして、民主党政権の崩壊後、第二次から第四次安倍政権は、中国との対立姿勢を見せつつ、一層の日米同盟の深化に乗り出した。

そしてこの路線の延長線上に、憲法違反も疑われた安保法制の強行採決もあった。

しかし、本当に日本の外交路線は、最早一つしかないのであろうか。そして、それは自明のことであり、それで良いのであろうか。そこで本章では、野党の外交路線というべきであろうか、考え得る「もう一つの外交路線」について考察してみたい。

2　戦後の日本の外交路線

まずは戦後の外交路線を振り返る。「もう一つの外交路線」は、野党ではなく自民党が進めても構わないのだが、今の自民党政権にはない路線なので、とりあえずは野党の提唱すべき外交路線として本書では提案したい。その際、まずはアメリカに対する距離感と憲法に対する立場からこの問題を考えてみたい。

通常、外交路線と憲法問題は別々に論じられる。憲法学は広くは法学の一部分であるし、憲法学の中には理想の外交とか悪い外交というような概念は一切ない。一方、外交政策は経済政策と並んで政治の最も重要な仕事である。その際、日本には憲法第九条があるので、戦争を放棄しているという部分までは、幅広く政治家や官僚に認識されていたとしても、外交政策自体が考えられる時に常に憲法への態度が念頭に置かれているとまでは言い難い。

しかし、戦後との外交路線と憲法に対する立場（護憲派か改憲派か）を一つの図にして第Ⅰ象

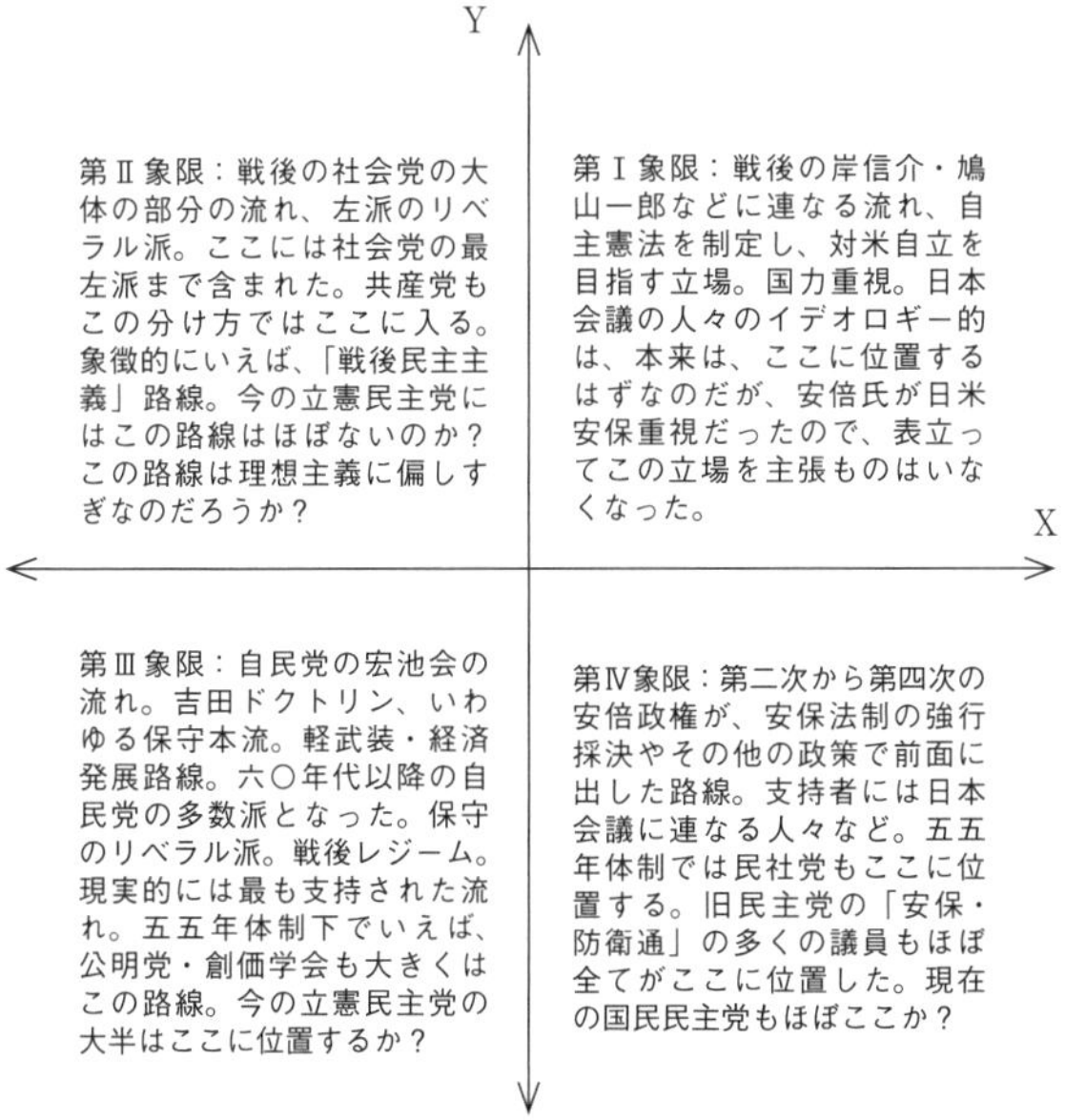
Y
X
第Ⅱ象限：戦後の社会党の大体の部分の流れ、左派のリベラル派。ここには社会党の最左派まで含まれた。共産党もこの分け方ではここに入る。象徴的にいえば、「戦後民主主義」路線。今の立憲民主党にはこの路線はほぼないのか？この路線は理想主義に偏しすぎなのだろうか？
第Ⅰ象限：戦後の岸信介・鳩山一郎などに連なる流れ、自主憲法を制定し、対米自立を目指す立場。国力重視。日本会議の人々のイデオロギー的は、本来は、ここに位置するはずなのだが、安倍氏が日米安保重視だったので、表立ってこの立場を主張ものはいなくなった。
第Ⅲ象限：自民党の宏池会の流れ。吉田ドクトリン、いわゆる保守本流。軽武装・経済発展路線。六〇年代以降の自民党の多数派となった。保守のリベラル派。戦後レジーム。現実的には最も支持された流れ。五五年体制下でいえば、公明党・創価学会も大きくはこの路線。今の立憲民主党の大半はここに位置するか？
第Ⅳ象限：第二次から第四次の安倍政権が、安保法制の強行採決やその他の政策で前面に出した路線。支持者には日本会議に連なる人々など。五五年体制では民社党もここに位置する。旧民主党の「安保・防衛通」の多くの議員もほぼ全てがここに位置した。現在の国民民主党もほぼここか？

Y軸を反米（対米自立志向）か親米（対米従属）かの軸とする。Y軸は上に行くほど対米自立の度合いが強くなり、下が対米協調（から従属）となる。
X軸を改憲か護憲かの軸とする。右側が改憲志向であり、左側が護憲志向である。

限から第Ⅳ象限に四つの立場を分けると、面白いことに気がつく。外交政策は単なる外交路線の違いではなく憲法観とも密接に関係しており、逆に憲法観と外交路線も密接に関係していることに気づかされるのである。

特徴を説明すると以下の通りである。第Ⅰ象限は、戦後の岸信介派・鳩山一郎派などに連なる流れであり、自主憲法を制定し、対米自立を目指す立場であった。この勢力は国力を重視した。中曽根康弘氏なども本音ではこのカテゴリーに位置していたのだが、実際の首相在任中には改憲を政治日程には挙げなかった。今の日本会議の人々のイデオロギー的には、本来はここに位置するはずなのだが、安倍氏が日米安保を重視したので、表立ってこの立場を主張するものはいなくなった。しかし、内心この方向に政治・外交を進めたいと考えているものはいたであろう。だが、行き過ぎると「平和主義」を逸脱する路線なので表立って声高に主張する政治家は減った。

第Ⅱ象限は、戦後の社会党の大体の部分の流れであり、これを仮に左派のリベラル路線と呼ぶ。ここには社会党の最左派まで含まれた。共産党もこの分け方ではここに入る。象徴的にいえば、「戦後民主主義」路線である。次に述べる「戦後レジーム」とは一部、価値観を共有していたのだが、戦後の保革対立の時代には「革新陣営」に位置しており、自民党のリベラル派との連携はなかった。「戦後民主主義」を代表する知識人の影響下にあった人々はこの路線を支持していた。自衛隊と日米安保の両方に反対し、非武装中立を求めた理想主義者の側面が色濃い路線である。そして、後に論じるが、今の立憲民主党にはこの路線はほぼいなくなったように思われる。

第Ⅲ象限は自民党の宏池会の流れで、これが吉田ドクトリン、いわゆる保守本流である。軽武装・経済発展路線として現実に最も力をもった勢力であり、池田内閣以降の自民党の多数派となった。保守のリベラル派といって良い。戦後レジームそのものである。この路線は首相でいえば池田勇人氏、大平正芳氏、鈴木善幸氏、宮澤喜一氏らを輩出した。そして、首相にはなれなかったが池田と大平の間に宏池会の会長であった前尾繁三郎氏もこの路線の有力政治家である。現実的には最も支持された流れで、五五年体制下でいえば、公明党・創価学会も大きくはこの路線だったといえるだろう。今の立憲民主党の大半はここに位置するかと思われる。

第Ⅳ象限だが、これは第二次以降の安倍政権が安保法制の成立やその他の政策で前面に出した路線であった。本来はこの路線は安倍氏の登場までは存在しなかった。なぜならば、この勢力は第Ⅰ象限の流れを目標としてきた人々の系譜にあるからである。日本会議に連なる人々などが実際の安倍政権を支持したのだが、この路線の特徴は改憲を志向しながら、一層の対米従属を推し進めるというもので、本来的かつ理論的に考えれば「保守」としては最初から破綻している路線だった。しかし現在、この勢力に連なる人々が「真正保守」を名乗っている。なぜこんなことが起きたのかは後に論じたいが、五五年体制では民社党もここに位置した。親米の度合いが非常に強いことがこの路線の特徴だが、それは裏を返せばこの路線の支持者に共通する価値観が「反共」であることから来るものであった。旧民主党の「安保・防衛通」の多くの議員もここに位置した。現在の国民民主党もほぼここと考えられる。

私は四つに分けて考えてみたのだが、これはオリジナルな観点である。戦後の外交路線は、極めてオーソドックスで信用のおける教科書である五百旗頭真編の『戦後日本外交史』によれば、三つ存在したといわれている。だが、私はこの三つの路線だけで説明できなくなったのが第二次以降の安倍政権ではないかと考えるようになり、四つの路線があったのではないかという見方を示した。『戦後日本外交史』ではその三つの路線を仮にA、B、C路線として説明しているので、まずそれを紹介しておく（五百旗頭編、二〇一九年、二八三頁—二八四頁）。

まず、Aの社会民主主義路線である。この路線は大正から昭和にかけて自由主義勢力の後につくように発展し、戦争中に抑圧された社会主義勢力が戦後に復活・拡大して「革新陣営」と呼ばれたものである。この陣営は「平和」と「民主主義」を戦後日本の国家目標と掲げた。陣営の内部は一様ではなく、革命を想う共産党、マルクス主義を容認する社会党左派、社会民主主義を奉ずる穏健な改革派の社会党右派から成り立っていた。冷戦が始まり、革新勢力は反米、反体制の立場を強めた。彼らは、戦後日本が憲法九条を捨てて再軍備すること、および親米一辺倒に傾くことに反対した。その勢力の中心である社会党は「非武装中立」を唱え、日米安保と自衛隊の双方に反対した。一九六〇年代まで日本政治に大きな影響力をもった。

次にBの経済中心主義路線である。吉田茂氏に率いられたこの路線は、産業と貿易によって生計を立てる経済国家、通商国家として戦後日本を再建することを最重視した。冷戦下の安全保障については、日米安保条約を結んで米国に依存した。国内的には自由民主主義の政治社会体制をとり、経済復興と繁栄を最優先する経済国家としての戦後日本を方向づけた。「安全」と「繁栄」の達成が、このグループの国家目標であった。

そして、Cが伝統的国家観路線だが、この路線は鳩山一郎氏や岸信介氏によって率いられた。彼らは、戦後日本も主権国家として外敵を排除しうる軍事力を持つことを当然とし、「改憲再軍備」を唱えた。近年の言葉でいうと「普通の国」になることを、戦後早々に求めていた。この立場の伝統的政治家は「自立」と「国力」という価値を追求した。彼らは、一九五四（昭和二九）年に吉田が引退した後、BとCの勢力を統合する保守合同に成功し、一九五〇年代後半に政権を握った。なお保守合同によって生まれた自民党を優位政党とし、統一された社会党を第一野党とする戦後の日本の政党制は五五年体制と呼ばれ、冷戦終結後一九九三（平成五）年まで続くこととなった。

以上は『戦後日本外交史』による解説の言葉をほぼそのまま要約したものである。確かにこの分け方自体はその通りで私にも異論はない。最もバランスのとれた分類であろう。私の図でいえば、Aの社会民主主義路線は第Ⅱ象限、Bの経済中心路線は第Ⅲ象限、Cの伝統的国家路線は第Ⅰ象限にそれぞれ位置する。安倍前首相が祖父の岸信介元首相を念頭において、第Ⅲ象限の「経済中心路線」から第Ⅰ象限の「伝統的国家路線」に路線を変更しようとしたと考えれば、確かに理解はしやすい。これこそが、確かに安倍前首相が主張した「戦後レジーム」からの脱却だったといえば、確かにそう解釈することも可能ではあった。

だが、果たして本当に安倍前首相が進めた外交路線は、純粋な伝統的国家路線だったのであろうか。この部分に大きな疑問を持たざるを得ない。その理由を端的にいえば、岸元首相は良いか悪いかは別としても最終的な目標を対米自立に置いていたのに対し、安倍前首相が進めたことは、対米自立どころか一層の対米従属を進めたからである。安倍前首相が進めた路線を岸元首相と同じように解釈することにはどうしても無理があるのである。

安倍前首相の外交を振り返ると、三つの路線に入らない路線を安倍政権が進めていたことに気づかされる。一見、安倍前政権の路線は、五百旗頭氏編の教科書による区分でいえば、極めてCの「伝統的国家路線」に近かったともいえる。現に安倍前首相は、自身のイデオロギーからもこの方向への回帰を意識していたであろうと思われる。途中まではそのように見ることも可能であったかもしれない。しかし実際には、安倍前首相の路線はこれまでの戦後日本の外交路線の中では極めて異質の外交を繰り広げたことに気づかされる。

そこで本書では、安倍路線を四つ目の路線と解釈することにした。私自身は安保法制の審議の頃から、安倍路線は岸路線とは完全に似て非なるものだと考えて始めていた。だが、こういう指摘をした人は管見の限りいない。仮に安倍路線をCの路線への回帰として考えてみても、戦後外交は次のように整理できる。現在の日本は、三つの路線の中ではAの影響力が極めて弱くなったことが、誰にでも分かるであろう。また、長年自民党にはBとCが共存してきたことも理解できるであろう。

だが実際の日本政治においては、一九六〇年代の池田勇人内閣以降はBの路線が優位に立った。Bの勢力に属する政権が「保守本流」といわれた。首相でいえば池田、大平、鈴木、宮沢首相などである。またBの路線は「吉田なき吉田路線」などともいわれる。そして、この路線は「戦後レジーム」を作った。平たく言えばCは世間から「タカ派」と呼ばれ、Bは「ハト派」と呼ばれた。「戦後レジーム」がBの路線だったのに対し、似て非なる言葉であるが「戦後民主主義」を標榜したのがAの路線であった。これが革新陣営の路線である。

分かりやすく言えば「戦後レジーム」の特徴は自民党の吉田路線、さらに池田勇人元首相に続く「軽武装、経済発展路線」路線で、平和憲法と自由主義経済の擁護が特徴である。「戦後民主主義」は、自ら「進歩的知識人」と名乗った左派、市民派、リベラル派の信奉した価値観を指す。「戦後」の価値という部分には共通点があるものの、前者は政権政党自民党の本流の思想（保守本流）であり、後者は反自民を標榜していた人びとに信奉された思想であった。

AとBは価値観を共有していたが（戦前の体制を反省して否定し、戦後民主主義を守る点）、戦後は革新勢力と自民党内部の勢力に分かれていたのでこの二つの勢力には連携はなかった。安倍前首相時代にCの路線がかなり前面に出ていたことは間違いがない。安倍前首相は一度目の首相就任時に「戦後レジームからの脱却」といったが、これはまさにAの路線を敵視すると共に自民党内の主流であったBの路線を否定することでもあった。

安倍前首相はよく「左翼」という言葉を使って自分の反対派を批判した。これがAの路線の人々の生き残りへの批判から来ることは分かる。だが、問題は自民党内において、Bの勢力があまりに弱体化したことであった。Bを代表するのは現役の政治家でいえば本来は岸田文雄氏であった。しかし、岸田氏は安倍氏のC路線を全く批判しなかった。それどころか今の自民党は外交路線においては全てがC路線といっても過言ではない状況となった。

「保守本流」は先に挙げた吉田茂元首相以降の政治家たちだが、田中派の流れもこの三つでいえばBに属する立場であった。その意味では長く自民党内でもCはどちらかといえば少数派だった。中曽根氏はこの分類でいえば思想的には本音ではCであったが、在任中は憲法改正をいわず、アジア諸国とも良好な関係を築き、事実上Bに近い（時折Cが顔を見せたが）路線を採用したといっても良い。

B（保守本流の軽武装、経済発展路線）は米国依存が過ぎるということで、そこから脱出を試みた鳩山政権は、Cからは左翼扱い（Aに近いというような批判）された。だが、一見、C路線に見えた安倍前政権は中国と敵対するだけで、米国に対しては追随の度合いを深めていった。こう考えると、むしろBの方が平和憲法を盾に取りつつ、米国と距離をおこうという努力もしていたと言えよう（例：田中政権。佐藤政権も部分的にはそういえるかも知れない）。

実際の戦後政治では、AとB、BとCには対話はあったが、AとCには一貫して対話はなかった。だが、実は鳩山政権は民主・社民・国民新党の連立で、AとCの混在した政権でもあった。社民党と国民新党がそれぞれAとCであり、対米自立路線にはやや共通点があった。だが、鳩山政権には何の戦略もなく、対米自立だけを突如推し進めたために大失敗をした。そして、安倍前政権に戻ってからは、伝統的価値観を前面に出しながらも、その実、今まで以上の対米従属色を強めて行った。

安倍前首相が進めたかに見えたCの中身は完全に反中・反韓路線であり、これしか「愛国者」の種類がないかのような今の自称保守派のあり方には強い違和感を覚えざるを得ない。だが、民主党（鳩山政権）の外交戦略があまりに稚拙だったために、この安倍路線は保守派のみならず、安倍政権が継続している間、平均的な国民の支持も受けていたように見受けられた。

3　安倍晋三前政権時代の外交の特異性——似て非なる岸氏と安倍氏の路線

しかし、先に述べたように安倍路線は純粋なC路線とは似て非なるものであった。これは安保法制の議論の時に明らかになっていたが、多くの人が安倍路線を四つ目の異様な路線だと気づいて批判したわけでもなかった。

前述した五百旗頭真編の教科書による分け方でいえば、安倍路線は当然ながらC路線なのだが、C路線の特徴は将来的な対米自立を最終目的にしていた。しかし、安倍氏が推し進めたのは、これまでにはなかった奇妙なD路線ともいうべきものであった。これは、改憲によるさらなる対米従属を進めようとする路線であった。これは左右で見れば同じ右側に入るが、上下でいえば完全に上と下に分かれる。安倍氏を批判する人の多くは、安倍氏を「岸氏の孫だから改憲にこだわる」というような、極めて単純な「右翼の孫が右翼であるから危険だ」という見方しかしていなかった。これは要すれば「A級戦犯の孫の安倍氏がまた戦争をしたがっている」というような、いかにも左派らしいステレオタイプの見方であった。岸氏が本当は将来の最終的な目標として対米自立を想定していたのに対し、なぜ安倍首相は好んで米軍の傘下にさらに入っていくのかという方面からの批判はなかった。岸氏と安倍氏の路線はかなり異なっていた。この二人の決定的な違いは、岸氏が最終的に対米自立を考えており、改憲はそのための一歩目という位置づけであったのに対して、安倍氏はさらに対米従属（本人は絶対に従属とはいわないが、対米協調という名の従属である）を進めるための改憲を目指し、その前段階で安保法制を強硬に成立させたことである。

この違いは決定的なのだが、不思議なことに左派リベラル派からこのことを指摘した人は殆どいなかった。私が知る限りの話ではあるが、このことに気付いていた人に作家の島田雅彦氏がおられた。島田氏は『虚人の星』という小説の中で、安倍前首相を思わせる主人公の夢に岸元首相をモデルにした祖父がでてきて、主人公に対して自分がしたかったことはそんなことではないと叱責する場面があった。さすがに島田氏は作家としての鋭い感性で安倍路線と岸路線の違いに気づいておられたのであろう。

　しかし、野党の議員の国会質問でも安倍前首相に対して、「祖父の岸元首相は対米自立を目指していたのに、なぜ総理はわざわざこんなおかしな法律を作り、改憲をしてでも一層の『日米同盟の強化』という名の対米従属を進めるのか」という切り口で質問した議員はいなかったように思う。本当はこの部分こそ攻めるべきだったのである。だが、実際の左派リベラル派の安倍批判は、A級戦犯の孫の安倍がまた戦争に踏み出したという紋切り型の枠を出るものではなかった。またさらに奇妙なことに安倍前首相の支持者からも、対米従属への批判はほとんど起きなかった。つまりは、安保法制の議論が国会でなされている時に、左右両派で共に奇妙なことが起きていたのだが、おそらくその理由は次のようなものであろう。

　まず左派の人々が岸氏と安倍氏の違いまでも指摘しなかったのは、いまだに左派にとって岸氏は戦前擁護の最も憎むべき政治家であり、評価すべき点など一点もないと今でも考えていることであろう。そしてもう一つは、今のリベラル派に、そこまで強い対米自立を求める空気がなくなっていることも関係があるかもしれない。ここは微妙な部分で、はっきりとそう断定し切ることはできないが、反安倍政権の立場であった人でも強い対米自立思想を持っている人はそこまで多数派ではなく、「安倍は危険だ」という、六〇年安保改定の時の「岸がやることだから危険だ」というレベルでとどまっていた人が多かったことと同じことが起きていたのだと思われる。本来であれば、安保法制の時に安倍前政権を批判する立場にあった人は、もっとアメリカ一辺倒の外交をこそ批判すべきだったのではないだろうか。

もう一方、右派でも奇妙な状況は起きていた。そして、今もこの奇妙な現象は起き続けている。本来は右派・保守派を任じるのであれば、何が何でも最優先すべきは自国の独立であろう。今の文脈でいえばアメリカによる国内政治への介入、影響力を極力排除することこそが目標となるはずである。そして、駐留米軍の撤退を主張することこそが、本当をいえば保守派・右派の人々の最も重要な役割であるはずだ。だが産経新聞を中心とする自称保守派はほぼ全てが親米派であり、全くアメリカからの独立を志向しているように見えない。

今の日本において、対米自立を掲げているメディアはほとんどないといってよく、私が知っている範囲だが、雑誌でいえば『月刊日本』だけである。後はみな、保守といえばすなわち親米保守となってしまった。その代表が産経新聞系のメディアである。これらの人々は端的に言えば、改憲して米軍と一緒に軍事行動ができるようになることを目的としているといってもよい。なぜ、こんなに奇妙なことが起きていたのか。そして、今も起きているのだろうか。

理由はおそらくは次のようなものであろう。自称保守派・右派にとって第一の敵は中国であり、中国または中国と韓国が憎くて仕方がない安倍前首相の支持者たちにとっては、アメリカの存在はどちらでも良かったか、またはアメリカの方がましだと考えていたからである。この種の人々は、要すれば中国と韓国の悪口をいうことのみで結びついている人々であり、国内の左派勢力を批判する時に中国や韓国に近いことをもって売国奴などというレッテルを貼ることで何者かになったような高揚した気分になり、愛国者を自任しているような人々である。代表的なのは日本会議の人々であるが、ネット右翼なども精神構造は同じである。

これらの人々の共通点は反中・反韓であり、ほとんどこれらの自称保守派、自称愛国者は対米自立を意識していないのである。もしも仮に真の右派・保守派であれば、中国と距離を取りたくとも、同時にアメリカによる国内政治への介入にももっと敏感になるべきである。だが、そういう人々は右派・保守派を自任する人々の中では極めて少数にとどまっているかほとんど存在しないのが現状である。その結果、私の図でいうところの右下（第Ⅳ象限）の路線が推進される中で、本来は上述したC路線であるべきはずの人たちまでもが、この奇妙な路線を支持することとなったのであった。

4　野党の模索すべき外交路線

さて、ここから今後の野党の目指すべき外交路線を考えたい。結論を先に述べれば、Ⅱ（護憲・対米自立）の路線を再度、真剣に追求するべきであろう。あるいは現実問題としては急にアメリカから離れすぎることが無理なのであれば、ⅡとⅢの路線を組み合わせていくべきであろう。Ⅰ（改憲・対米自立）とⅣ（改憲・対米従属）の路線は自民党の路線であるから、野党でありながらⅠとⅣの路線をとるのは全くの無意味である。野党でありながらⅣの路線というのは党であろう。

五五年体制下では民社党がここの位置にいた。現在で言えばこの路線に一番近いのは国民民主党であろう。

私自身は、本来はⅡの路線をもっと真剣に追求すべきであると考えている。この路線は理想主義的側面が最も強いが、理想主義路線をそんなに簡単に諦めて良いのだろうか。この路線は旧社会党の路線だったが、五五年体制の崩壊後完全に命脈が尽きたというわけではなく、最近では鳩山政権で久しぶりに表に出た。しかも、政権を担った首相がこの路線を目指したというのは初めてのことであった。

鳩山氏は対米自立を模索しつつ、同時に東アジアの平和と安定を目指し東アジア共同体構想を掲げたが失敗に終わった。鳩山氏の失敗の原因は、実際にそのプロセスが示せなかったことに尽きる。それをいえば、かつての社会党も野党時代には反安保・反自衛隊を主張していた人々もいた中で、政権を獲得した村山富市首相は社会党の基本政策を一九九六（平成八）年に転換した。つまり先の図でいえば、村山首相は路線をⅡからⅢに変えたということがいえよう。

さて、現在の立憲民主党にもこのⅡの路線を掲げている政治家はほとんどいないように見える。その理由は、五五年体制の社会党が非現実的過ぎたからここには戻れないということよりも、やはり鳩山政権の失敗の記憶がまだ新しいからであろう。したがって、自民党がほぼⅣの路線で統一されつつある現在、当面は立憲民主党を中心とする野党はかつての宏池会の路線でもあったⅢの路線から、現実的には始めざるを得ないだろう。

だが、Ⅱの路線が完全に理想的かといえば私はそうは考えない。その理由は、かつて自民党主流派のとったⅢの路線は、アメリカとの距離をあまりに縮めすぎてしまうと、必然的にこの表でいう左下から右下に向かわざるを得なくなるからである。今の自民党を見ていると、Ⅱの路線がないのは、もともと存在しなかったのだから理解できるとしても、主流派だったⅢの路線の継承者すらいなくなっていることについては不可思議な気がする。それほどまでに第二次以降の安倍政権の七年八か月で自民党の性格も変質してしまったということなのであろう。

さて、私自身は、日本は徐々に対米自立を目指すべきであり、東アジア共同体構想を真剣に考えるべきだというものである。この考え方の根底にあるものは、日本の国内政治がアメリカにコントロールされていることへの義憤からである。一貫して私はこの立場をとっている。したがって「日米同盟のさらなる深化」と聞くと、その外交路線しかないことに対して違和感を覚えざるを得ない。やはり目指すべき方向性は東アジア全体を平和にして、米軍基地の移転場所の問題で揉めるのではなく、米軍基地自体がそもそも不必要な状況を作っていくことだろう。

だが、この路線は自民党支持者に全く支持されていない（または強く反対される）だけではなく、野党支持者の間にも今一つ（というよりもほとんど）支持されていないことも確かである。かつてのⅡの路線は冷戦構造の中でも理想主義的過ぎて、社会党ですらも首相を自党から出した時には自衛隊や日米安保の問題は自民党政権を引き継いだように、現実味が薄かったことは確かである。

したがってこの路線が、内容の良さ、理想の高さの割にあまり支持されないことは理解できないことはない。そして今では、最も現実的であったⅢの路線つまり軽武装・経済発展路線すらも自民党内では後ろに引いてしまった。野党もこれを逆にそのまま継承して、前面に打ち出すところまでも行っていない。このことにもそれなりの理由はある。それは中国の台頭と北朝鮮の問題である。

冷戦の時は仮想敵国がソ連であった。今は仮想敵国という概念はなくなったものの、安倍前首相は安保法案を強引に進めた時、緊迫する東アジアの情勢に対処するためだと述べた。仮想敵が実質的には中国に変わって日米同盟が強化されているのが今日の日本の姿である。確かに中国の海洋進出の問題などは野党側としても考えなければならない問題である。

そこでまず、これまでのことを整理するために、先ほどの図を中国に当てはめて考えてみることにした。アメリカに対しては四つの立場があった（安倍前政権までは三つ）。

ここで少し奇妙なことに気がつく。それは、中国に対する態度と憲法に対する態度で日本の外交路線の分類を試みると、四種類も路線がなかったことに気が付くのである。第Ⅰ象限と第Ⅲ象限は現実に存在する。これはアメリカへの態度よりも分かりやすい気がする。第Ⅰ象限に位置するのは最近でいえば日本会議、安倍氏の支持者などであり、この路線はもともと伝統的な右派、新台湾派、旧来の右派である。この勢力には最近では中韓をネット空間で「特ア」（特定アジアの意味）と罵り、そのことをもって自らを愛国者と自任している人々も含まれる。第Ⅲ象限に位置するのは、旧来の左派や自民党の田中派に相当する。保守党の中の親中派も含まれる。Ⅲの中には今の自民党の二階俊博氏のような人々も含めることができるだろう。

不思議なのは、なぜ中国に対する態度ということと憲法への立ち位置ということを二つの軸で考えた時には、ⅡとⅣがなかったのかということである。Ⅱは理論的には反中の護憲派であり、Ⅲは改憲の親中派であるが、実際にはこういう政治勢力は目立つ形では戦後、存在しなかったといって良い。細かいことを言い出せば、中ソ対立の時には親ソ派で反中派という勢力もいたのだから、広義の護憲派の中には反中派もいなかったというわけではないのだろうが、戦後政治の文脈では反中派とは、まずは反共主義者であり普通は親台湾派（蒋介石を支持する立場）を指すことが多かったので、現実に護憲派の反中派という政治勢力が目立って存在したわけではなかった。

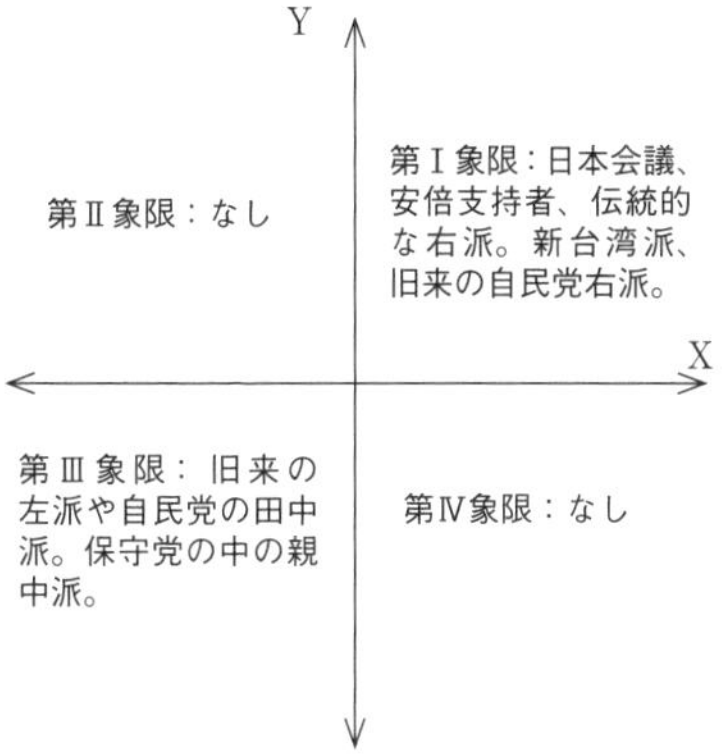

Y軸を反中か東アジア共同体に賛同するかの軸とする。上が反中で下が親中。
X軸を改憲か護憲かとする。右側が改憲志向であり、左側が護憲志向である。

また護憲派の中に親中派が多かったのは、左派陣営が中国の社会主義を何らかの意味で支持していたのと、自民党内で日中国交回復を成し遂げた田中角栄元首相が改憲派でなかったこととも大きな関係があろう。Ⅳの改憲派の親中派という勢力についても考えてみたが、この勢力も実際にはいなかった。理論上は改憲をすることによって、対米自立を図り中国に接近し、中国と対等の関係になってになって東アジア共同体を推進するということもないわけではない。こういう立場からの主張が今後ずっと出て来ないとは限らないのだが、当面のところは出て来そうにない。

実際には東アジア共同体論者には護憲派の反米派（対米自立派）が多いが、選択肢として改憲の親中という立場が全く考えようがないというわけでもないだろう。ではなぜ、このⅣの立場は存在しなかったのだろうか。これは、単純に親中派には左派勢力が多かったので、同時に左派は護憲派だったということであろう。中国が台頭するまでは中国脅威論はなかったので、親中の人が強く改憲を志向する必要もなかった。他に考えられることはないかとも考えてみたが、そもそも、強固な改憲派は反共主義者であり、それらの人々は、中国問題については長年、台湾を支持してきたことから、改憲勢力の親中派、親中派の改憲派というのは考えようもなかったのであろう。こう考えると、中国に対する態度はずっと戦後のイデオロギーをそのまま反映しており、アメリカに対する態度ほどには複雑ではなかったということが理解できる。

さて、本題である今後の野党の目指すべき外交路線であるが、アメリカに対する態度については、私は先に述べたようにまずは現実的なⅢ（戦後の宏池会の路線）から徐々にⅡ（アメリカの日本政治への影響力を排除していく）を目指すのが理想だと考えているが、この場合、当然、中国との関係が重要になってくる。鳩山元首相が失敗したようにスローガンだけでは東アジア共同体の構築は無理であり、現状から対米自立も難しい。この問題には簡単な回答はないのだが、平野貞夫氏は国連も噛ませた上で、国連の場で日本があるべき外交についてのメッセージを出すべきだといわれた。平野氏の意見は、国連の場で全世界に対して日本の目指す外交路線を表明するということである。そして東アジア共同体構想にはアメリカも巻き込み、アメリカの国益にも配慮した上で日本が提唱するというものである。今後、野党は今の自民党に対米従属一辺倒の外交路線しかない中では、このようなスケールでものを考えていくことも必要であろう。

5　東アジア不戦共同体の困難さ

さらにこの問題を考え進めてみよう。東アジア共同体はやはり不戦共同体を目指すべき方向であるとして、どういう問題を克服すべきであろうか。

外交については、まず歴史から考えないといけない。このことは戦後間もなく存在した構想を考えてみれば、今後の日本が目指すべき方向が見えてくる。しかし、考えただけでも障害は五つある。一つ目は日中関係改善のための尖閣問題である。二つ目は中国・韓国との間にある靖国神社問題である。三つ目は韓国との間にある従軍慰安婦問題である。四つ目は北朝鮮問題である。そして、五つ目は日本外交の軸足を東アジアに移すとアメリカとの関係が悪化するという問題である。一から四は中国、韓国、北朝鮮との間の問題で、五つ目はアメリカとの問題である。結局、これらの問題の解決は困難なのでこのまま日米同盟を深化させようというのが自民党の現在の外交路線である。

現在、鳩山・小沢路線を評価する声は全くない。これは、親米保守派の中だけでのことではなく、残念なことに、メディアを始め国民世論の中にもほとんどない。その証拠にネットで「民主党　外交政策」と検索すると無数の批判的な雑誌記事、論考、個人のブログなどがヒットして果てしなく続くのだが、「民主党　外交政策　評価」と検索すると、何と一本の雑誌記事や論文やコラムやブログにもヒットしなかった。誰も鳩山時代の民主党外交を評価してはいないのである。

極右、安倍前首相の支持者、親米保守勢力がこぞって民主党政権の外交政策を批判することは当然だとしても、そうではない一般的な人々の中でも、「民主党政権は外交で失敗した」、「民主党政権（鳩山政権）はアメリカとの関係を悪くした（そして、それは日本のためにならないことだった）」との認識が広く共有されているといっても過言ではない。そうでなければ、一方に「手法こそ稚拙であったものの、目指した方向までは決して間違ってはいなかったはずだ」という議論があっても良いはずだが、そういう議論さえ、論壇でも一般の人々の中でもほぼない。

拉致問題、尖閣問題、竹島問題が顕在化してから、特段右寄りではなかった普通の国民、真ん中くらいにいた人も急激に右傾化した。北朝鮮の脅威、中国脅威論には若年層から高齢層まで幅広く浸透している。このこととの影響でもあろうが、特に若年層がこの数年で、単純な意味での右傾化をした。彼らは、北朝鮮の脅威はメディアによって刷り込まれているが、日米関係の実体までは知らない。

「脅威」までは認識でき、それが「抑止力を強化すべき」となるのだが、「そもそも、平和になれば抑止力は要らないはずだ」とまで考える人が少ないのはどうしてなのであろうか。「日本会議」の存在自体を知らない人は多いが、日本会議の推進する政策が確実に日本社会で実現されつつあるのはなぜだろうか。

一般の国民も、よく櫻井よしこ氏らがいうような「日本の危機」といわれると危機感（実はこの「危機感」の内容こそがより大問題なのだが）を持つ状況が、確実に安倍前政権下の八年弱で進んだ。安倍前政権が長期にわたって一強を続けていた状況と、国民意識の右傾化および危機感をもつ国民の増加は無縁ではなかったであろう。

安倍前首相のコアな支持層（極右思想を持つ人々や戦前肯定派）のまわりに、何重にも広範で緩やかな安倍氏の支持層がいなければ、ここまで安倍政権が長期にわたり磐石であったことは考えられない。緩やかな支持者とは「安倍さんは安心だ。頑張ってくれていると」何となく思っていた多くの人々である。インターネットで「自分はよく勉強している」と自負している若年層は、この手の「危機感」を以て左派攻撃を始める。このような状況の中で、単なる「平和を守れ」、「憲法を守れ」というフレーズは国民（の中の多数派、または従来は無党派層で特定の左右のイデオロギーを持っていなかった層）に届かなくなってしまった。それはそれで、仕方のない部分もあった。旧来の左派の運動があまりに硬直化したまま何十年も続いた結果、若年層を取り込めなくなってしまったからである。

二〇一七（平成二九）年一〇月に民進党が分裂する形で結党され、一〇月の総選挙で、いわゆる「リベラル派」の受け皿になったといわれる立憲民主党の「綱領」にも、外交政策の部分に「私たちは、専守防衛を前提に外交安全保障における現実主義を貫く。我が国周辺の安全保障環境を直視し、自衛力を着実に整備して国民の生命・財産、領土・領海・領空を守る。日米同盟を深化させ、アジアや太平洋地域との共生を実現する」と書いてあった。現在の立憲民主党の「綱領」にはこの「深化」という言葉は出てこないのだが、二〇一七（平成二九）年の立憲民主党の「綱領」には、初めの時期はこの文言があった。

これは実は、国民の外交政策に対する選択肢を奪う大きな問題である。「深化」の解釈は様々なのかも知れないが（深化させるというのは、日米対等に持っていくことであるという解釈もないことはない）、普通にこの文言を読めば、自民党の安倍前首相が進めた路線と何も変わらない。立憲民主党までが民進党時代と同じような日米同盟の深化などと言い出せば、日本の外交政策には選択肢はなくなるところであった。共産党を除く全ての政治勢力が親米になり、今後も長期の対米従属が続くこととなるからである。

本当にこんなことで良いのかという議論が起きるべきだったが、目立った議論は起きなかった。この問題をもう少し深く考えると、「日本国憲法」と「日米安保」が戦後政治を形作ってきたコインの表裏であることをどう理解するかという問題に行きつく。サンフランシスコ講和条約時に最初の安保条約が結ばれているが、サインをしたのは吉田茂元首相である。

安倍前首相は「戦後レジームからの脱却」といいながらも、片方の「憲法」だけを否定し、「安保」を強化するというバランスの悪い奇妙な政治を行ったが、逆に「憲法」を擁護しつつ（つまりは、戦後の平和主義を守る）、「日米安保」の内容を変え（日米地位協定も含む）、徐々に「脱米」を図るということはできるのだろうか。「憲法」に書かれている戦後的な価値観と平和主義を守り、戦後の価値観の良き部分を今後も継承しつつも、徐々に行き過ぎた対米追従から脱却する方法はあるのだろうかということである。

それが、本来は鳩山氏が目指し、すぐに挫折してしまった「東アジア共同体構想」なのであろうが、米国から徐々に距離を取りながら平和路線で行くという理想を追求するのであれば、次は緻密に進めなければならない。だが、この方途は厳しいように思われる。それなら今の対米基軸路線で良いではないかという反論がすぐに出て来るであろうが、対米従属を続けることには大きく二つの問題がある。

一つは日本は米国の新自由主義政策の餌食になり続けているが、これを跳ね除けることができないこと（具体的には郵政民営化、TPP、農協改革他）である。現実にはアメリカにいくら日本の富を収奪されても、抵抗のしようがない。この問題を正面から考えている人々は今の日本にはほとんどいないし、国民にはどれほどアメリカに日本人の富を収奪されているのかは知らされていない。

もう一つは、アメリカの戦争に日本は付き合う必要はないはずだが、ますます日米の防衛協力は進み、事実上米軍と自衛隊は一体化していることである。アメリカの都合で日本の自衛隊も戦地に送られる可能性は現実化してきている。山本太郎参議院議員（当時）が以前に国会で発言したように、イラク戦争で事実上、既に米軍の戦争に加担したとの説もあるくらいである。

さらに、最大の皮肉ともいうべきことは、戦前回帰の思想を持ち、日本の戦前の大日本帝国の戦争をイデオロギー的に正当化し、戦後憲法を押し付け憲法だと蛇蝎のごとく嫌う安倍前首相や日本会議や極右の人々が、その大嫌いなはずのアメリカに軍事的に追従しているということである。これほどの皮肉はないのだが、（保守派は）誰も表立ってはそれを問題視しない。

6　過去の東アジア共同体論者たち

現在、東アジア共同体といえば、「中国《シナ》の手先」、「反日」、「売国奴」などとインターネットで罵られる。憲法を擁護しない――つまり、戦力を持ちたいと願う人々が率先して（その憲法を書いた）米国の軍事的支配に入っていく矛盾を、（一部を除く）誰も指摘しようとしない。しかし、東アジア共同体構想自体は、突如として鳩山氏が言い出したものではなく、アジアとの連帯を説く思想家や活動家、政治家は戦前からいた。ここで代表的な思想家や政治学者の考え方を紹介してみたい。

まずは、宮崎滔天である。宮崎は一八八一（明治一四）年生まれで一九二二（大正一一）年に亡くなった。明治時代から大正時代に活躍した辛亥革命を支えた革命家・大陸浪人である。宮崎は「私は、日本がいかにえらくなっても、とても五世界を動かす力はないものだと断定すると同時にシナをして理想的国家たらしめることができたらば、その力をもって宇内に号令して万邦を道化するにたるとの断定の下に一身を委ねて、自己の誇大妄想的な経路を辿ってきた結果がすなわち今のわが身の上なのです」、「余は人類同胞の義を信ぜり。ゆえに弱肉強食の現状を忌めり。余は世界一家の説を報ぜり、ゆえに現今の国家的競争を憎めり。忌むものは除かざるべからず、憎むものは破らざるべからず、しからざれば夢想におわる。ここにおいて余は腕力の必要を認めたり。然り、余は遂に世界革命者を以ってみずからを任ずるにいたれり」（進藤榮一・木村朗編『沖縄自立と東アジア共同体』（花伝社）所収、藤村一郎「沖縄を通してみる戦前日本のアジア連帯論」から引用）と述べている。

大正時代に活躍した政治学者、思想家の吉野作造（一八七八（明治一一）年～一九三三（昭和八）年）は「日本はやがて世界の文明の上に貢献すべく猶ほ一層高い使命を自覚せねばならない筈であるけれども、少なくとも今日の所其の文化的使命を以て活動する範囲を姑らく（しばらく）は東洋に限るも亦致方ない。先づ之に成功するに非ずんば、日本の世界的使命は畢竟空論に止まるものである」（藤村同前から引用）と述べている。

哲学者の廣松渉氏（一九三三（昭和八）年〜一九九四（平成六）年）は「東亜共同体の思想はかつては右翼の専売特許であった。日本の帝国主義はそのままにして、欧米との対立のみが強調された。だが、今では歴史の舞台が大きく回転している。日中を軸とした東亜の新体制を！それを前提にした世界の新秩序を！これが今では、日本資本主義そのものの抜本的な問い直しを含むかたちで、反体制左翼のスローガンとなってもよい時期であろう」、「新しい世界観は結局のところはアジアから生まれ、それが世界を席巻することになろう」、「アメリカがドルのタレ流しと裏腹に世界のアブソーバー（需要吸収者）としての役を演じる時代は去りつつある。日本経済は軸足をアジアにかけざるをえない」（『朝日新聞』一九九四年三月一六日。この文章は、進藤・木村編『沖縄自立と東アジア共同体』（花伝社）所収、白井聡「廣松渉の彗眼」より引用）と述べている。

経済学者の森嶋道夫氏（一九二三（大正一二）年〜二〇〇四（平成一六）年）は「今のように発達した交通と生産力の下では東北アジア各国の領土では狭すぎる。私の『東北アジア共同体』には日本、朝鮮半島、台湾、琉球の東北アジア諸国が含まれるが、ベトナム以南の東南アジアは含まれていない。この東北アジアは歴史的文化的に近く、人種的にも近い隣国だから共同作業が出来る。それは『建設共同体』であって、はじめはEU（欧州連合）のような市場共同体ではない」、「私の提唱する『東北アジア共同体』は幾つかのブロックからなるもので、中国を例えば6ブロック、朝鮮半島と日本を各2ブロックにそれぞれ分け、台湾を1ブロックとして、沖縄（琉球）を独立させてそこに首都を置く。…中国を6ブロックに分けるのは中国以外が6

つとなるから、6対6にするためで台湾を中国に含めれば7対5となり、中国にやや有利となる。建設場所が主に中国となるのだからそのぐらいが均衡値だ。共同体政府の下で建設プログラムを立て、日本は資本と技術を提供すれば、仕事は大量に創造され、雇用はどんどん増える」（森嶋『なぜ日本は没落するか』（岩波書店）、一九九九年、一五五頁）と述べている。

さらに森嶋氏は「（「アジア共同体」が果たしてできるかとの問いに対して）……できないようなら日本は孤立、衰退することになるだろう。かつて繁栄し、衰退したローマ帝国やスペインのようにである。既に米中は接近しつつあり、それに韓国を呼び込むかもしれない。日本人は白人好きで、アジア人嫌いという悪弊があり、米、加、豪、ニュージーランドとならすぐにも共同体をつくるだろうが、アジア人だと尻込みしてしまう。今は日本人が打ちひしがれている時だから、アジアで元気づけをして飛躍する絶好のチャンスだ」（同、一五九頁）と述べている。

宮崎滔天は明治時代から大正時代、吉野作造は大正時代と戦前に活躍した歴史上の人物であり、今とは世界情勢がかなり違ったといえば、確かにそれまでかもしれない。だが、廣松氏と森嶋氏は戦後に活躍したの哲学者と経済学者である。この森嶋氏の本が書かれたのは一九九九（平成一一）年だが、森嶋氏はこの「東北アジア共同体構想」を『なぜ、日本は没落するか』の中で「ただ一つの救済案」だと述べている。森嶋氏は二一世紀中頃、二〇五〇年の日本について、さまざまな分野の没落を予測しているが、没落を免れる唯一の救済案は「東北アジア共同体」を作ることしかないと述べている。

しかし、実際の日本の政界、経済界、学会の中で森嶋氏の提言を正面から取り上げた人は少ない。日中関係の重要性を説くものはいるが、日米同盟の深化を主張するものから東アジア共同体構想が批判されてきたのは、これまで確認した通りである。さらに経済界なども中国を単に「市場」と見る立場が圧倒的多数派であった。政治的・外交的に共同体を作ろうという主張は、経済界からはほとんど聞こえてこなかった。この問題が実際には難しいのは、政策転換をすること自体が、既存の構造で利権を持っている勢力との戦いになるからである。特に長年かけて築き上げられた軍産複合体はアメリカのみならず日本にも根強く根を張っている。軍産複合体という言葉は言い過ぎかもしれないが、「日米安保マフィア」というべき人々である。

財界は戦争があれば「儲かる」というのが本音であろう。経団連加盟企業の中には、世界で武器を売りたいという本音を持っている企業は多いだろう。さらには、労働界といえども、防衛産業の労組は財界とほぼ同じ立場に立っているといって良いだろう。このことはすでに先の章でも言及した問題である、連合内の旧同盟系、その中でも防衛産業の労組などは、イデオロギー的に見ても自民党の右派以上である。

世界支配の論理があり、その世界支配の構図に日本が完全に組み込まれている以上、日米安保の外に少しでも日本が出ること、対米自立度を上げる（対米従属度を下げる）ことを目指す勢力は、日本国内での発言権を失う構図がはっきり確立してしまった。これがいつからなのかは明確ではないが、この構図は最早、個人の努力程度では崩せない程に大きなものとなっている。

上述した世界支配の構図の中に日本が完全に組み込まれていることもさることながら、イデオロギーの面でも、右派（保守派）に対米自立を掲げるグループがほぼなくなり（かつては重光葵元外相などがいたのだが）、対米自立を主張する政治勢力は左派の一部分だけになってしまった。本来、保守派（右派、民族派）と呼ばれる人々は、世界的な基準で見れば、自国に他国の軍隊が常時駐留することに対して、率先して反対運動を繰り広げるものであるが、日本にはこの勢力がほとんどいないのが現状である。

これは不思議な現象であるが、現在の（自称）保守派及びその支持者は戦前回帰、戦前賛美、戦後否定のイデオロギーを持っているために、感情的に中国と韓国（北朝鮮）の悪口を言って、「改憲」を叫ぶことで結びついている。これらの（自称）保守派は、敵対する感情がまず中国、韓国、北朝鮮（彼らがネットの中で使う言葉でいうところの「特ア」）に向いているために、全く対米従属から脱却すべきとの意識を有していないのである。

上述したことと関連するが、（自称）保守派が対米従属から脱却しようという努力さえしようとする気配のない理由には、構造の問題、日本国内での地位を守りたい人、日本国内で高い地位についている人の個人的な利己心があると同時に、日本人の一般の人々の深層心理の中にも潜んでいるアジア蔑視思想と、戦前肯定の歴史観・思想の広がりも無視できない。

政治家や財界人など既存の支配体制に組み込まれている人々（つまりは体制内エリート）は地位を守りたいという利己心だけで動いており、特段、右派的なイデオロギーを持っていなくても、日米安保の深化という呪縛からは逃れられないのであろう。だが、利権構造に組み込まれているともいえないような一般の国民からも全く対米自立を支持する声が上がらないことは不可解である。この問題は「既存の権力の構造」の問題、「権力による情報統制」の問題、「メディアの支配」ということを全て考慮したとしても、どうしても全部の説明まではつかないようである。やはり一般の国民自体が右傾化していることも確かだろう。この原因はメディアによる中国脅威論、北朝鮮脅威論の影響が大きいとは思われるが、国民自体の思考力の低下、知性の劣化、反知性主義の蔓延も指摘される。その結果、この数年でどの年齢層にも偏狭なナショナリズムがじわじわと緩やかかつ確実に広がっていることは、今や無視できない事態となっている。

現状では、日本の政界において「日米同盟の深化」以外の外交路線を打ち出すことは難しいと言わざるを得ない。したがって、私の提言も実際にはほとんど無力であろう。だが、方向性としてはやはりこの方向を目指すべきであろうし、少なくとも国民の間に、もう一つの外交路線を提示するのは野党勢力の責務であろう。

7　乗り越えるべき「心の問題」と「構造の問題」

乗り越えるべき問題は大きくは二つあると考えられる。「心の問題」と現実の世界の「構造の問題」である。「心の問題」とはイデオロギー、保守派の歴史観、一般国民の中にある保守的傾向である。これは目には見えないが非常に大きな部分である。「構造の問題」とは、まさに世界を支配する軍産複合体の問題である。軍産複合体という言葉はどぎついかもしれないが、ミリタリー資本主義の構造である。

抑止力論が必要以上に台頭してくるのは、背景に紛争の火種があるからである。悲しいことだが、世の中には世界が平和になっては困る人々がいる。軍人、軍需産業、それに付随する産業である。これは経済界だけではなく、その産業で働く労働者の利害にも関係するので、「経済界＝戦争推進、労働界＝平和勢力」というほど簡単なものではない。連合の中でも同盟系は、元々、イデオロギー的に右であるという思想面の問題もさることながら、防衛産業（軍需産業）が中核を占めているので、この勢力は労組であっても経済界とほとんど同じ利害から同じ主張をしている。だが、選挙ではストレートに自民党を支持せずに野党勢力を支持しながら、野党に組織票の見返りとして圧力をかけることとなる。

究極的にいえば、平和を目指すなら、戦争がなくなっても失業する人が出ないという構造を世界中で時間をかけて構築して行くしかない。人類全体がこの努力をすべきである。急にはそこまではいかなくても、野党勢力が戦後の現行憲法の価値観を体現する政治を目指そうとするならば、ここは割り切って防衛産業の労働組合とは手を切るべきであろう。世界中が民需だけでやっていける経済を作れれば良いが、実際にはそうはいかない。

人々の「心の問題」と「世界の構造の問題」は卵が先か鶏が先かの議論となる。「戦争を望むわけではない」と日頃言う人が多数派であっても、人々の疑心暗鬼が防衛力増強につながる。「心の問題」は重要であり、一方においては平和教育なども重要であろうが、平和の問題を考える時に「心の問題」に傾斜し過ぎていたことにも問題があったのかも知れない。

戦争（紛争）の火種がなくなるということは、大量の失業者を生む、つまり転職しなければならない人々や倒産する企業を大量に生むこととなる。世界が平和になることは、大半の人々にとって望ましいことであるにもかかわらず、一部の人々には望ましくはないのである。これは観念的な話ではなく、実際の話である。現実に日本でも大正デモクラシー期には軍人の価値が下がった。そして、戦争になると軍人の価値は社会の中で上がってくる。世界が平和の方向に向かうことは、世界的な雇用問題が起きることでもあるという視点から、国際社会が「戦争がなくなることで困る人がいない世界」に移行できるようにするため、かなりの長期計画（五〇年、一〇〇年スパン）で議論していく必要があるのではないだろうか。

戦争は「心の問題」から始まるが、平時においても防衛力の増強を主張する人々や、現実以上に脅威を煽る人々が出てくるのは、現在の構図の中での利権を守ろうとする人々がいるからである。国際社会で軍縮の議論をする時は、必ず各国の雇用問題も一緒に議論すべきであろう。世界レベルのことを日本国内の野党勢力が手掛けるのは荷が重いかもしれない。だが、野党勢力はもう一つの外交路線として世界平和の実現までを視野に入れ、現実の自民党の路線とは異なったもう一つの選択肢を示し国民に信を問うべきであろう。

なかなか展望は見出し難いが、現実を知ることと、世論の喚起を地道にするしかないであろう。作家の島田雅彦氏は「……世界情勢は、ある日突然、変わることがあります。米中や米ロが歩み寄り、北朝鮮の脅威が実質取り払われたら、日本国内の米軍基地のプレゼンスが下がります。もとより在日米軍は日本を守る義務がないので、日米安保にしがみついていても、日本は守れないという現実にいや応なく目覚めることになる。その時のために、安全保障政策の選択肢や専守防衛のあり方を各党が用意しておくべきです（略）」（しんぶん『赤旗』日曜版、二〇一七年一一月一九日）と述べている。

実際に永遠に続くと思われた冷戦の終結も、突然起こった。ここで島田氏が述べておられるように、米中の接近、米ロの接近ということが起きれば、日本の対米従属も意味がなくなる時が急に来るのかもしれない。その時には、国民の危機感をあおって違憲の疑いのある安保法制まで無理やり成立させ改憲に前のめりだった安倍前首相が進めた外交は、全く意味をなさなくなるだろう。

立憲民主党を中心とする野党はそのことも見据えて、もう一つの外交の選択肢のプログラムを作る努力をすべきあろう。

おわりに

ここまで主に野党のあり方について考察してきた。日本政治全体についての考察であれば、今後の日本についてのビジョンという風にストレートに考えれば良いのだが、この本は二つの大きな前提から出発しているので、主として野党のあり方、そして、野党第一党たる立憲民主党が、今後どのような政策を構想し、どのような人々を支持基盤とするかということについて考えてきた。

二つの前提というのは次の通りである。まずあるべき日本社会の方向性を自民党自体の政策転換によって期待するということではなく、政権交代可能な野党勢力の成長による政権交代を期待して考えるということである。これは、政権交代のあるデモクラシーの方が望ましいという大前提に立脚している。したがって、五五年体制に戻ってはいけないというのも大前提である。また、一九九〇年代の初期（平成初期）の政治改革には様々な問題はあったものの、当時の文脈を考えれば、今日言われている「平成デモクラシー」論による改革だったことも本書では認めることにした。

二つ目の前提は、その政権交代の中身についてどう考えるかである。政権交代が起こりさえすれば良いというのが、一九九〇年代の政治改革期から二〇〇九（平成二一）年までの野党再編の時の論理であった。国民の意識の側からも、野党再編の論理の上を行く論理は生まれてこなかった。とにかく「政権交代」が必要だという大きな主張だけは、二〇〇七（平成一九）年二〇〇九（平成二一）年から二〇〇九（平成二一）年には徐々に支持された。第二章で考察したように、過去に政権交代を二回も起こしたという意味においては、小沢一郎氏の果たした役割は大きかった。だが、非自民・非共産政権は二回とも短期間で幕を閉じた。

なぜ、こういうことになったのか。このことへの反省をなくして、安易にまた政権交代を野党が訴えても国民の心には響かないであろう。また、もし仮に自民党の失政など何かの僥倖によって政権交代が起きたとしても、その政権は直ちに行き詰るであろう。野党は次は「政権交代」のみを自己目的化するのではなく、ある程度までは自公政権との違いを予めはっきりさせて、経済界からの反対が出ようが既得権益層との対決を避けずに、きちんと政策を訴えた上で政権交代を目指さなければならない。

政権交代が起きさえすれば良いのか。政権交代が起きるということだけで、デモクラシーが進化したと考えてよいのかという問いが本書の大きな問いである。いうまでもなく、それでは全く何の意味もなさないという考え方が本書の二つ目の大前提である。

大きく分けて政権交代にも二種類がある。これは連立政権か単独政権かというような形式的なことではない。実態を伴う政権交代かそうでないかである。実態を伴う政権交代とは、政府の政策内容が変わり、明らかに交代した政権によって社会が変わるということである。これは、利益を受ける人が変わるということを意味している。

もう一つは実態を伴わない政権交代である。これは政策を担当する政治勢力（与党）が変わるだけで、政策も変わらず、その社会で利益を受けている人々も追い詰められている人の構図も変わらないという政権交代である。戦前に短期間だけ成立した立憲政友会と立憲民政党による二大政党制も、実質的に政権交代が意味をなさない政治体制だった。これでは自民党内で総裁が変わるのとほとんど変わりがない。日本の場合、明治以来、政権交代というものは戦前にも戦後にも定着してはいない。

戦後だけを見ても、一九四五（昭和二〇）年から一九五五（昭和三〇）年の最初の一〇年間の混乱期を除いて、五五年体制が成立して以降は、選挙による政権交代は三回しかなかった。そして、そのうち一回は民主党中心政権から自民党（自公）政権への回帰であるから、自民党（中心）の政権から自民党以外の政治勢力への政権交代はわずか二回しかない。さらにその二つの政権も細川護熙政権は選挙後の多数派工作によって誕生したので、選挙中から自民党から当時の野党への政権交代が予測される選挙を経ての政権交代は、戦後わずか一回しか起きていないのである。

しかも、そのうちの細川政権は結局、政治改革法案（選挙制度改革法案）を成立させただけで終わった。二回目の鳩山由紀夫政権は普天間飛行場移設問題に失敗して九か月で退陣した。その後の菅《かん》直人政権、野田佳彦政権は自民党政権とほぼ変わりのない姿となった。そしてその後、安倍晋三前首相の登場によって本当の自民党政権に戻った。つまり、二回の政権交代が失敗に終わったために、我々日本人は、本当の政権交代というものがよく理解できてはいないのである。

今後の世界の行方も日本政治の方向も、正確には誰にも予測は不可能である。そうである以上、日本の議会制民主主義、野党のあり方がどのようになっていくのかも正確に見通すことは何人にとっても難しい。であるにもかかわらず、あるべき野党像について考察を進めてきたのは、やはりデモクラシーの発展においては、国民・有権者には最低でももう一つの選択肢を準備しておく野党勢力が必要との考え方に基づいている。

本書では野党全般についてという視点ではなく、特に立憲民主党のあり方について論じた。これは二〇二〇年の野党再編で、かなり野党の立場も分かりやすくなってきたからである。国民民主党が残ったことと、社民党も解党しなかったことで、野党の数自体は変わっていはいない。だが、旧国民民主党が極めて小さな勢力となり、社民党も風前の灯となったことで、今までよりは野党のあり方を論じやすくなった。

現在、国政政党で主要な野党は、立憲民主党、日本維新の会、国民民主党、共産党、社民党、れいわ新選組とある。このうち日本維新の会については、野党ではあっても与党に近いスタンスを取っている。そして、国民民主党も小さくなったことによって、残った人たちは電力総連を中心とする同盟系の労組の組織内議員と旧来からの民主党内で保守系と呼ばれてきた人々である。とりわけ、残った国民民主党には玉木雄一郎氏や古川元久氏、岸本周平氏、山尾志桜里氏などの官僚出身者が多く、特に増税推進派であった財務官僚出身者が目立つ。これらの人々も民主党時代にはしきりに行革を訴えていたが、やはり市民派や労組系とは肌が合わない人たちであったと見受けられる。

これらの人々の共通点は、外交政策においては日米同盟のさらなる深化、エネルギー政策においては原発推進、そしてさらなる小さな政府による行革推進、「競争力の強化」でも大方は一致している人々であろう。特に日米同盟に対するこだわりの強さは前原誠司氏や玉木氏を見ていても理解できるところである。この勢力は早晩、日本維新の会と合流して自公体制の枠内に入った方が分かりやすい。つまり六つの野党のうち日本維新の会と国民民主党は、野党といっても政権により近いので、今後の野党の連携のあり方を考える際、最初から省いておいた方が物事を考えやすくなる勢力である。

このように考えれば残る野党は立憲民主党と共産党と社民党とれいわ新選組である。このうち、れいわ新選組はまだ参議院に二議席を有するだけで小さい。また社民党も全国政党ではなくなり規模が小さくなりすぎた。そう考えれば、実質的には一定の勢力を持つ野党は立憲民主党と共産党だけになった。立憲民主党と共産党が今後、どのような協力体制を構築できるのか、または構築しないのかは、野党の今後だけではなく、日本政治全体の行方に関わる問題となってきている。私自身の考え方は、この両党は協力関係を構築して政権構想を示し、連携して運動を進めるべきだと考えている。立憲民主党と共産党の協力について二つの代表的な異なる見解があるので、それをまず紹介してその主張のどちらに理があるかを検討してみよう。

一つ目は立憲民主党と共産党は選挙協力を積極的に進めるべきであるという主張である。その一人の論者として政治経済学者の植草一秀氏の言説を紹介しよう。植草氏は「民意が議席に反映されない事態を打開するため、反自公陣営の候補者一本化が必要不可欠だ。『政策連合』は、候補者一本化に際して、①消費税減税を公約に盛り込み、れいわ新選組の参画を実現すること、②日本共産党が参画する共闘体制を構築すること、の2点を強く訴えている。この取り組みが結実するかはどうかは立憲民主党の動向にかかる。（中略）政権交代への機運が高まらない主因は、立憲民主党執行部の煮え切らなさにある。主権者が声を上げ、立憲民主党の気魄を呼び起こすことが目下の再急務だ」（『月刊日本』二〇二一年四月号）と述べている。

植草氏の場合は野党共闘の枠内に国民民主党も入れている。私の意見は、国民民主党は最早、野党共闘側に入れる必要はないと考えているのでここは異なるが、国民民主党も旧民主党から派生しているので、共闘の枠内に入れた方が良いと考える人がいることは理解はできる。ここでポイントとなるのは、植草氏も共産党が参画する共闘体制を組むことの重要性を説いており、立憲民主党の執行部の煮え切らなさに対してやきもきしているということである。

もう一人、言い方は少し違うがほぼ同じ側からの主張を紹介する。これはジャーナリストの倉重篤郎氏の言説である。倉重氏は「野党は政権構想を共産党に学べ」として、「問題はむしろ野党にある。（中略）枝野幸男立憲民主党代表以下野党はそろそろ政権構想を明確にすべきだ。（中略）第一に、全国に４００万強の共産票を戦略的に徹底利用することだ。自民党が公明党との連立政権で創価学会票７００万の竹馬をはいて早20年たった。野党陣営も共産票の高下駄を堂々とはくべきである。第二に、その調査力、国会での追及力を学ぶべきである。（中略）第三に、これがもっとも重要であり、一種の逆説でもあるが、共産党の政策から学べ、である。特に、外交・安保政策だ。安倍晋三以来の従米路線はすでに行き詰っている。（中略）自公政権へのオルターナティブ（対案）をひねり出す上で、反安保に徹してきた共産党の歩みもまた参照にすべきであろう。共産党の対中政策も然りだ。日本外交最大の課題は中国とどう向き合うかである。どの政治勢力もこの政策なくして政権を担うわけにはいかないにもかかわらず、自民党を含めどの政党も腰が定まらない。そんな中、共産党は20年1月の綱領改定で、いち早く中国の覇権主義と人権侵害に反対する立場を明確にした。（中略）菅政権を『実』とするか『虚』とするか。問われているのは野党だ」（『月刊日本』二〇二一年四月号）と述べている。

倉重氏の場合は、共闘に共産党も入れるというよりも、共産党の基礎票を野党全体の基礎票として堂々と数えるとともに、政策面や運動スタイルにおいても他の野党はもっと積極的に共産党に学んでみてはどうかというものである。

一方、立憲民主党を支持する側からの助言ではないにもかかわらず、立憲民主党が共産党と組むことはマイナスの方が大きいとするのが作家・評論家の佐藤優氏である。佐藤氏は「しかし、立憲民主党は共産党と共闘した場合のプラスの側面ばかり見ており、マイナスの側面を見落としています。立憲民主党が共産党と手を結べば、まず経団連からそっぽを向かれます。経団連が共産主義政党やそれと共闘する政党を支持することは絶対にありません。資本主義社会では金と権力は代替関係にあり、金を握っている人たちに権力が集まります。(中略)経団連が支持しない政党に、政権を取ることは不可能です。また、連合(日本労働組合総連合会)も離れていくでしょう。連合は官公労を除けば、基本的に経団連傘下の大企業の労働組合によって構成されており、彼らは共産党と敵対関係にあるからです。中小企業経営者や個人事業主たちも、共産党系の民主商工会にお世話になっている人たちを除けば、距離を取るはずです。彼らも商売をやっている以上、資本主義を否定する政党を支持することはできないからです」(『月刊日本』二〇二一年四月号)と述べている。

佐藤氏は立憲民主党が共産党と組めばマイナス面の方が多く、菅《すが》政権は共産党に救われると述べている。先に一点、佐藤氏に事実誤認として指摘しておきたいのは、「資本主義を否定する政党」の部分である。共産党は今でも党名については共産党と名乗っているが、実際にはすでに資本主義を認め、現在では資本主義の枠内での改革を目指している。また日本の共産党は一党独裁の共産主義を目指してはおらず、議会制民主主義をすでに認めている。これは数年前に方針転換されたということではない。

共産党は一九七六（昭和五一）年の第一三回臨時党大会で「自由と民主主義の宣言」という文書を採択している。一九九六（平成八）年には一部改訂されているが、この文書は今の共産党の「準綱領的文書」とされている。この中では、共産党が将来的にも自由（自由権）と民主主義を擁護・発展させると謳われている。この文書ではソビエトが批判されており、日本の共産党はソ連のような共産主義と決別していることは、すでに宣言されている。そして、この文書の中では将来的な市場経済の活用（混合経済）についても言及されている。つまりは、今の共産党は佐藤氏がいうように「共産主義政党」でも「資本主義を否定する政党」でもない。

そして、今の志位和夫委員長になってからはさらに大きく方向転換し、安倍前政権の頃からは、積極的に野党共闘を進め前々回の参議院選挙、前回の衆議院選挙、前回の参議院選挙でも実績を挙げてきている。これらは、政治について日常から研究し発言している人々の間では常識的なことであり、佐藤氏ほどの人物が知らないはずがない。佐藤氏は何もかも本当のことを分かっている上で、わざとこういう発言をして共産党のイメージを貶めようとしているのだろう。

だが、佐藤氏の指摘している部分のうち、「経団連からそっぽを向かれる」、「連合も離れていく」、「個人事業主たちも距離を取るはず」の部分は、現実問題として確かにその側面はあるだろう。そして、すでに本書でも論じたが、連合が野党共闘において共産党を排除しているのは事実であり、このことは実際に何度も私自身も実際に経験している。連合の中の民間労組は共産党と敵対してきたのは事実であるが、それを言えば官公労の側も歴史的には共産党と敵対してきた。共産党と共闘していた労組は連合内には一つもない。ただ同じ敵対でもここは微妙であり、官公労は旧総評の支持する社会党系として共産党と敵対し、民間の重工長大産業の労組は旧同盟の支持する民社党として共産党と敵対してきた。そして、今はすでに論じたように連合は全体的に民間労組の力が増したので、連合全体がほぼ旧同盟のようになっている。

佐藤氏のいっていることは、一面では確かだとしても大きな疑問を感じざるを得ない。それは、経団連に支持され、連合の中の民間労組に支持されなければ政権が取れないというのであれば、そのように経団連と連合の右派に支持された末に起きる政権交代とはいったい、何の意味があるのかということである。この佐藤氏の言説は、立憲民主党は自民党と同じ政党にならなければ政権は取れないといっているに等しい。まさに佐藤氏が何のためらいもなく、「経団連が支持しない政党に、政権を取ることは不可能です」と身も蓋もないこと言い放っている部分こそ、野党の指導者は真剣に考えなければならない問題なのである。

佐藤氏の言をまともに受け止め、野党幹部には「その通りだ。共産党と組めば経団連に嫌われ、連合にも嫌われるから政権は担えない。特に連合に離れて行かれたら、選挙運動でもどうしようもない。共産党から来るプラス分以上のマイナスがある。政権を目指すなら共産党に近づくよりも経済界の機嫌を損ねない方が得策だ」と考える人も多いだろう。おそらく枝野氏の煮え切らなさも、いつもこの差し引きの計算を頭の中でしているからだろう。

また立憲民主党には経団連から直接の要望や圧力は来ないと考えられるが、連合からは日常的に来ているだろう。だが、政権交代をするということは、世の中の権力構造を変えるということである。経団連と連合右派に安心して支持されるのなら、これはつまり、自公政権の仲間が拡大するだけの話である。そうなれば、投票先を失う有権者、受け皿を失う有権者が発生する。そして、自民党と同じような政党になってから起きる政権交代が実質上、政権交代の意味を持たないということは、すでに何度も力説したとおりである。

これは単なる思考実験ではなく、つい数年前である二〇一七（平成二九）年秋の希望の党騒動の時に起こったことからも明らかである。当時の民進党代表の前原氏と希望の党代表の小池百合子氏の左派・リベラル派排除は、一瞬うまく行ったように見えたが（彼らの側からすれば）、この時の選挙では、通常起こりえないことが選挙中に起こった。解散直後には支持率が低かった立憲民主党は選挙中に日を追って支持率を上げ、最終的には立憲民主党が野党第一党となった。希望の党の支持率は選挙中に激減し、選挙では大敗し、その後、党そのものが姿を消した。

そして希望の党の消滅後、旧国民民主党が結党されたのであるが、旧国民民主党は一貫して旧立憲民主党に支持率では及ばず、最終的に二〇二〇（令和二）年、旧国民民主党議員が大量に旧立憲民主党に合流して、新立憲民主党が結党された。

日本の左派・リベラル層はそれだけでは三分の一程度しかないのだが、裏を返せば左派・リベラル政党は有権者の三分の一程度の支持は今でも得ているのである。これは五五年体制の頃の社会党の勢力程度は温存しているということである。ここから二分の一勢力を目指すのは茨の道であるが、二分の一勢力を目指すためにも二つの道がある。一つの方法はかつての民主党がそうであったように、そして、最後は民進党でみじめな終焉を迎えたように、「非自民・非共産」の勢力を全て包含することである。だがこれは、もう絶対にやってはいけないということを本書ではここまでずっと主張してきた。

だとするならば、もう一つの方法は、これまで支持者でなかった人を取り込むにあたって、「取り込むべき保守層」と「取り込むべきではない保守層」を峻別し、「取り込むべき保守層」に対してアピールするとともに、手付かずだった部分こそ取り込んでいくという方法である。「取り込むべきではない保守層」はイデオロギー的な（自称）保守（彼らの言い方でいう真正保守）、外交政策や安保政策、エネルギー政策の転換に反対する人々である。その人たちとはいずれにせよ、徐々に対決するしかないのだから、支持基盤に組み込むことなど最初から想定してはいけないのである。

「取り込むべき保守層」は、戦後の自民党政治の枠内でいえばかつての宏池会的な人々や田中派的な政策を望む人々である。穏健で格差のない社会をもう一度、取り戻したいと考えている人々である。実際にはこれまで野党側が働きかけをしてこなかった人々の中にも、今の政治の変革を希望している人は多いだろう。また、これまで惰性から自民党に漫然と投票してきた人の多くが、新自由主義経済を支持し戦前回帰のイデオロギーを支持しているというわけでもないであろう。

佐藤氏のいうことは、現状の日本社会の権力を大前提としての政権政党をイメージしている。実際にはどこにも組織されない人々が国民全体で言えば多数派である。九〇年代から無党派層が自民党を超える最大勢力になっていることはよく知られる。そして、無党派層とは別に政治無関心層と呼ばれる人々が大量にいる。

無党派層は支持政党はないが、一定の政治意識を有しているか、政治に関心を持っている層である。無関心層は政治自体に関心を持っていない層である。無党派層は動きが読みにくく選挙ごとに違う投票行動をすることで知られている。政治学者による調査などでも明らかになっているのは、二〇〇五（平成一七）年の郵政選挙での小泉ブームの時に自民党に投票し、二〇〇九（平成二一）年に政権交代が起こった時には民主党に投票したのは同じカテゴリーに入る無党派層の人々である。この層はどの党にとっても確実な支持基盤にすることは難しい。だが、野党、とりわけ立憲民主党は、単なる無党派層ではなく、日常的に無関心層に働きかけるのも一つの方法であろう。

そして、私が最後に提案したいのは、「政治絶望層」ともいえる層へのアピールの重要性である。「政治絶望層」という言葉は私の造語である。政治学でもこのような概念はなく、メディアの行う世論調査でも、「あなたは今の政治に絶望していますか」という質問はない。したがって、政治に絶望している国民のパーセンテージがはっきりしているわけではない。だが、無関心層の中もさらに、「政治を必要としていない」ので無関心な人々と、「政治に絶望している」無関心層に分かれていることが推測される。

このことを私が真剣に考え始めたのは、二〇一九（令和元）年の参議院選挙における山本太郎氏率いるれいわ新選組のブームが起こった時である。れいわ新選組に投票した人たちは山本氏の情熱的で本質を突いた演説が心に響いた人々であった。マスコミに取り上げられなくても、街頭演説の場からブームが全国的に起きたのは特筆すべきことであった。れいわ新選組に投票した人たちは、かつての左派運動の担い手に比較すればはるかに若年層であろう。今の日本には非正規雇用で何十年と働いてきた人々や、五〇代が近づいてきても一向に先が見えず、毎月の貯金もできず、結婚したいけれどもできないという人々が、無視できないほどに存在している。個人の努力ではどうこうできないレベルで苦闘している人々が社会に無視できないくらいに増えていることは、本当は誰でも気付いている。

これらの人々は政策的には近くても高齢化した人々のやっている社民党には投票することなく、立憲民主党も十分には拾いきれない人たちであった。それまでは投票に行かなかった人々も多かったので、統計的には「無党派層」と括られ、さらに一括して、投票率の低さから「無関心層」として考えられてきた人々である。だが、このれいわ新選組に投票した人々をこれまでのようなカテゴリーでは説明できない面があった。連合に組織されることもなく、それどころか組合がない中小企業の正社員ですらない人々が、一定数以上の割合で今の日本にはいる。

このような人々こそが、どの政党の手も最も届いていなかった層である。一昔前であれば、こういう人々は創価学会や共産党が組織していった。しかし、今ではこういう層の人々は、そもそも組織化されることもなかったし、本人たちも組織化されることを望まない人たちでもあった。したがってこの層の人々、私の造語でいう「政治絶望層」の人たちを、無理に党員にしたり選挙に動員したり、政治参加を促す必要はないのかもしれない。しかし、誰しも選挙権を持っているのであるから、野党はその人たちが投票権を行使してもらえるような政策を打ち出していけば良いのである。

もちろん、そんなに簡単にいくものではないとしても、今の日本には誰にも代表されていない人々、どこにも組織化されていない人々が相当な比率にまで増えている。共産党と組めば「経団連からそっぽを向かれる」、「連合も離れていく」、「個人事業主たちも距離を取るはず」ということを気にするよりも、立憲民主党は本当に困っている人たちのための政党になることこそ真剣に考えるべきであろう。そして、本当に困っている人々の支持を得て政権交代が窺えるまでの勢力に成長すれば、実際の日本社会も変わるであろう。これが実現して本当の政権交代といえる。立憲民主党の指導者が、政権を獲得するためには自民党と同じように経団連と連合主流派に気に入られる政策を出さなければならないと考えている限り、結局のところは自民党には勝てないであろう。

あとがき

この場をお借りして、この本を刊行できることになった経緯について説明をしながら、お世話になった方々に感謝したい。

本書が世に出るには、当初、予測もつかなかった幾重もの幸運が重なった。この本は今回、単独の私の政治論という形で上梓されることとなったが、当初の構想は全く違ったものであった。この辺りの事情を記して、この本がこのような形で刊行できる道筋を作ってくださった多くの方々にお礼を申し上げたい。

当初、この本は元衆議院事務局職員で元参議院議員の平野貞夫先生への、私の三回に及ぶ戦後政治に関するインタビューとその解題に、少しだけ私の政治論を書き加えて出版されるという構想であった。本年三月までは、第一部を私の政治論、第二部を平野先生へのインタビュー、第三部をインタビュー内容の解題という構想で企画が進んでいた。だが、私が第一部に相当する部分を長く書き過ぎたことによって事態は変わった。花伝社の平田勝社長のご提案により、分冊という方法で出すこととなったのだ。当初は平野先生へのインタビューをメインに考えていたために、本書は平野先生からお聞きした話を常に念頭に置きながら執筆を進めた。平野先生へのインタビューは掲載されていないが、この本は平野先生との対話の中から生まれたものである。

この本の中で私が、五五年体制に対し、絶対に「戻ってはいけない」と厳しい評価をしているのも、小沢一郎氏への言及だけで一つの章を特別に設けているのも、以前の民主党及び民主党政権に対して極めて厳しい評価を下しているのも、全て平野先生にインタビューの中でお聞きした内容を思い出しながら、平野先生と心で対話をして執筆したからである。現在の政治劣化と格差社会の関係について私に気づかせてくださったのも平野先生であった。平野先生へのインタビューとその解題は、時期をずらしてこの後刊行される予定だが、先にこの本が刊行されることとなった。もう一冊の本が刊行された時に、この本の意義がもっと明らかにされると考えている。

では、なぜ私は平野先生にインタビューすることができたのか。その平野先生を私にご紹介してくださったのは、現在鹿児島大学名誉教授の木村朗先生である。木村先生は研究・教育と現実社会における活動を両立させておられる「行動する政治学者・平和学者」として稀有な方であり、私は深く敬愛申し上げている。平野先生と木村先生はすでに対談による共著も出しておられる。

二〇一七（平成二九）年一二月に長崎大学で開催された日本平和学会九州地区平和研究集会にご一緒させて頂いた時、長崎の市電の中での木村先生との会話で、平野先生のお話になった。

このお話の中で、私は二〇〇三（平成一五）年九月のいわゆる「民由合併」の時、当時の民主党（菅直人代表）と自由党（小沢一郎代表）が合併した時の大会を傍聴していたことを思い出した。この「民由合併」の時、合併の合意文書に旧民主党側を代表してサインをしたのは確か江田五月氏だったと記憶しているが、旧自由党側を代表してサインをされたのが当時、参議院議員だった平野先生であった。私は遠い昔のこの出来事を思い出して、木村先生にこの話をした。そして、木村先生に軽い気持ちで「私にも平野先生にインタビューをする機会を作ってくださ い」と頼んだ。すると木村先生は本当に平野先生に連絡してくださり、私にインタビューの機会を作ってくださった。そして、東京・新宿の喫茶店で初めて平野先生へのインタビューをさせて頂いたのが、二〇一八（平成三〇）年三月であった。その後、平野先生には同じ年の六月にも東京・新宿の同じ喫茶店でインタビューをさせて頂いた。

この年、平野先生には二回のインタビューをさせて頂いたが、文字起こしをした原稿はその後二年ほど、私の研究室に寝かしていた。いつかはどこかに発表したいという気持ちはあったが、インタビューだけではまとまった本にはならないし、また解題をつけても平野先生がインタビューでお話ししてくださった内容を世に出すことを快諾して頂けるか分からないと考え、私は敢えて出版のお願いをすることを控えていた。私はどこに出すあてもなく貴重な平野先生の証言を寝かしていたのであった。

だが、二〇二〇（令和二）年の四月頃、私はやはりこのインタビューは非常に価値のある証言なので世に出したいと考え、思い切って平野先生に出版のご相談をさせて頂いた。すると、平野先生からは「出版社を探して出してくれても良い」というお返事を頂いた。そして、今から思えばこれもまた不思議なことなのであるが、平野先生に四月に頂いたお葉書では、「今年は秋に政変が起きるので出版はその後にした方が良い」とのご助言を頂いた。この時点で私は政変が安倍政権の退陣なのか野党の合併が起きることを指しているのかは分からなかった。安倍政権が退陣しそうな雰囲気はまだ昨年の四月には感じられなかったからである。だが、結果的に昨年の九月に安倍前政権は退陣し、合流新党も結党された。

平野先生から本を出すことのお許しが出たことを木村先生にお伝えしたところ、木村先生は本にするにあたってインタビューへの解説をつけることを勧めて下さった。そこで私は昨年の六月から七月、インタビューに対する解題を書いた。その後、私は原稿を木村先生に送り、木村先生が出版社を探してくださった。そして、木村先生から送って頂いた私の原稿が花伝社の平田社長に届いた。平田社長から「刊行を考える」との有り難いお返事を頂いた。これが昨年の一〇月上旬であった。そして、ほぼ出版が決まった時期には、平野先生の四月の予言通りに政変が起きていたのであった。

さらに不思議な流れは続く。刊行を検討してくださった平田社長は、刊行の条件として、私が後ろに載せることを想定していたインタビューの解題を書き換えて、政治論として前に出すことを提案してくださった。思いもよらないご提案であったが、私は常日頃考え続けてきたことをまとめることにした。さらに私は厚かましくも、せっかく本として刊行できるのであれば、再度、平野先生へのインタビューができないものかと考え、平野先生に三回目のインタビューを申し込んだ。コロナ禍なのでどうかと思ったが、平野先生からは三回目のインタビューに応じて頂けることとなった。三回目のインタビューでは現政権をどう見るかということや、今後の野党のあり方についてもご意見を伺った。これが二〇二〇（令和二）年一一月のことだった。そして、政治論の原稿も書き進めたのだが、前述したようにそれが長くなり過ぎて、今回、この本として出すこととなった。

まずここまでで、平野貞夫先生、木村朗先生、平田勝社長に心からの感謝を申し上げたい。この不思議な流れは予め計画したものではない。そして、分冊での刊行が決まった後に私の伴走をしてくださったのは、花伝社の佐藤恭介編集部長である。佐藤編集部長は、私が最初一冊の予定で書いていた原稿を読みやすく整理し、分冊しての単独の本としての体裁を整えてくださった。次期総選挙までに刊行した方が良いという意見をくださり、猛烈な勢いで原稿の校正を進めて頂いた。この本のキャッチを考案してくださったのも佐藤編集部長である。記して感謝を申し上げたい。

また、私が日頃活動している、立憲民主党鹿児島県第一区総支部の仲間の方々にも感謝を申し上げたい。衆議院議員川内博史先生を代表とする立憲民主党鹿児島県第一区総支部の事務所職員の方々、地方議員の方々、常任幹事、党員の方々とは日常的にいつも議論し、ご指導を頂いている。この同志の方々との日常的な活動や議論・対話の中で私の考えも練られてきた。この本の中に書かれている私の意見や主張・提案は、読書による思索からよりも、実際の活動の中で考えたことから導き出されたものの方が多い。個別の細かい部分の意見は全員が同じではないかもしれないが、大きくは同志の方々に賛同して頂けるように思う。この本は政治学研究者にも読んで頂きたいが、より読んで頂きたいのは活動家、実践家の方々である。

最後に、本書を妻の美希と長男正太、長女夏菜の三人に捧げたいと思う。美希はいつも私の本の構想や進捗状況についての話を根気強く聞いて、その都度、的確な助言をしてくれる。時間に構わず一方的に延々と話し続ける私の話をいつも聞きながら、常にポイントをついた助言くれる。草稿を読んで意見をくれることもしばしばである。この本に関しても、平野先生からインタビューを本にして刊行するお許しを頂き、木村先生に出版社を探して頂いている間にも、直感で「この本は花伝社から出ることになるような気がする」と言ってくれた。私が花伝社のウェブサイトを見て、どのような著者のどのような内容の本を刊行しておられるのかという話をした時であった。私は「そうなればいいな……」と思っていたのだが、現実にその通りになった。

今年二三歳になった正太と二二歳になる夏菜は、政治に関してはそこまでは強い関心はないようである。二人ともすでに二十歳を超えて立派な若者に育ってくれた。そのことはとても嬉しいことである。私は二人が社会人になって世の中に出て、やがて社会の中堅層になる年齢を迎える頃の日本はどうなっているのかといつも考えて仕事をしている。このままの政治が続けば、現在二〇代前半の若者にとって厳しい時代が長く続くかもしれない。このことが心配でならない。

少しでも一〇年後、二〇年後の日本社会が住みやすい国になっていることを願って已まない。本書が広く読まれ、世の中を良くする一翼を担うことができれば幸いである。

二〇二一（令和三）年五月一二日

鹿児島大学の研究室にて　吉田健一

参考文献一覧

青木理『日本会議の正体』（平凡社新書、二〇一六年）
安倍晋三『美しい国へ』（文春新書、二〇〇六年）
――『新しい国へ――美しい国へ完全版』（文春新書、二〇一三年）
五百旗頭真・伊藤元重・薬師寺克行編『90年代の証言　小沢一郎――政権奪取論』（朝日新聞社、二〇〇六年）
――『90年代の証言　宮澤喜一――保守本流の軌跡』（朝日新聞社、二〇〇六年）
――『90年代の証言　菅直人――市民運動から政治闘争へ』（朝日新聞社、二〇〇八年）
五百旗頭真編『戦後日本外交史』（第3版補訂版、有斐閣、二〇一四年）
石川真澄『戦後政治史』（岩波新書、一九九五年）
――『戦後政治史　新版』（岩波書店、二〇〇四年）
――『人物戦後政治――私の出会った政治家たち』（岩波書店、一九九七年）
井上寿一『日本外交史講義』（岩波書店、二〇〇三年）
――『政友会と民政党――戦前の二大政党制に何を学ぶか』（中公新書、二〇一二年）
宇野重規『民主主義とは何か』（講談社現代新書、二〇二〇年）
――編『民主主義と市民社会』（リーディングス戦後日本の思想水脈3、岩波書店、二〇一六年）
大下英治『小沢一郎と田中角栄』（角川新書、二〇一二年）

大平正芳回想録刊行会編『大平正芳回想録』（鹿島出版会、一九八三年）
小沢一郎『日本改造計画』（講談社、一九九三年）
――『語る』（文藝春秋、一九九六年）
――『剛腕維新』（角川学芸出版、二〇〇六年）
久保亘『連立政権の真実』（読売新聞社、一九九八年）
小塚かおる『小沢一郎の権力論』（朝日新書、二〇一七年）
後藤田正晴『政治とは何か』（講談社、一九八八年）
――『政と官』（講談社、一九九四年）
――『情と理――後藤田正晴回顧録』（上・下、講談社、一九九八年）
佐々木隆『明治人の力量』（日本の歴史二一、講談社、二〇〇二年）
佐々木毅『アメリカの保守とリベラル』（講談社学術文庫、一九九三年）
――編『政治改革一八〇〇日の真実』（講談社、一九九九年）
佐々木毅・21世紀臨調編『平成デモクラシー――政治改革25年の歴史』（講談社、二〇一三年）
佐藤章『職業政治家　小沢一郎』（朝日新聞出版、二〇二〇年）
猿田佐世『自発的対米従属――知られざる「ワシントン拡声器」』（角川新書、二〇一七年）
島田雅彦『虚人の星』（講談社、二〇一五年）
白井聡『永続敗戦論――戦後日本の核心』（太田出版、二〇一三年）
――『「戦後」の墓碑銘』（金曜日、二〇一五年）
――『戦後政治を終わらせる――永続敗戦の、その先へ』（ＮＨＫ出版、二〇一六年）

白井聡・内田樹『属国民主主義論――この支配からいつ卒業できるのか』（東洋経済新報社、二〇一六年）
進藤榮一・木村朗編『沖縄自立と東アジア共同体』（花伝社、二〇一六年）
末浪靖司『「日米指揮権密約」の研究――自衛隊はなぜ、海外へ派兵されるのか』（創元社、二〇一七年）
――『対米従属の正体　9条「解釈改憲」から密約まで　米国公文書館からの報告』（高文研、二〇一二年）
菅野完『日本会議の研究』（扶桑社新書、二〇一六年）
竹下登『証言　保守政権』（読売新聞社、一九九一年）
――『政治とは何か――竹下登回顧録』（講談社、二〇〇一年）
武村正義『小さくともキラリと光る国・日本』（光文社、一九九四年）
田崎史郎『梶山静六――死に顔に笑みをたたえて』（講談社、二〇〇四年）
俵義文『日本会議の全貌――知られざる巨大組織の実態』（花伝社、二〇一六年）
豊下楢彦『安保条約の成立――吉田外交と天皇外交』（岩波新書、一九九六年）
――『集団的自衛権とは何か』（岩波新書、二〇〇七年）
豊下楢彦・古関彰一『集団的自衛権と安全保障』（岩波新書、二〇一四年）
中北浩爾『現代日本の政党デモクラシー』（岩波書店、二〇一二年）
――『自民党政治の変容』（ＮＨＫ出版、二〇一四年）
――『自民党――「一強」の実像』（中公新書、二〇一七年）
中島岳志『「リベラル保守」宣言』（新潮文庫、二〇一六年）
――『保守と立憲――世界によって私が変えられないために』（スタンド・ブックス、二〇一八年）

――『自民党　価値とリスクのマトリクス』（スタンド・ブックス、二〇一九年）
――『自分ごとの政治学』（NHK出版、二〇二一年）
――編『現代への反逆としての保守』（リーディングス戦後日本の思想水脈7、岩波書店、二〇一七年）
中曽根康弘・宮澤喜一『対論　改憲・護憲』（朝日新聞社、一九九七年）
中野晃一『右傾化する日本政治』（岩波新書、二〇一五年）
日本共産党中央委員会『日本共産党の八十年――1922～2002』（日本共産党中央委員会出版局、二〇〇三年）
日本再建イニシアティブ『民主党政権失敗の検証――日本政治は何を活かすか』（中公新書、二〇一三年）
――『「戦後保守」は終わったのか――自民党政治の危機』（角川新書、二〇一五年）
長谷部恭男編『検証・安保法案――どこが憲法違反か』（有斐閣、二〇一五年）
服部龍二『中曽根康弘――「大統領的首相」の軌跡』（中公新書、二〇一五年）
鳩山友紀夫『脱　大日本主義――「成熟の時代」の国のかたち』（平凡社新書、二〇一七年）
鳩山友紀夫・白井聡・木村朗『誰がこの国を動かしているのか――一握りの人による、一握りのための政治を変える』（詩想社、二〇一六年）
鳩山友紀夫・柳澤協二『抑止力のことを学び抜いたら、究極の正解は「最低でも国外」』（かもがわ出版、二〇一七年）
鳩山友紀夫・木村朗監修・友愛政治研究会編『脱大日本主義の薦め』（晃洋書房、二〇二〇年）
早坂茂三『政治家田中角栄』（集英社文庫、一九九三年）

早野透『田中角栄――戦後日本の悲しき自画像』(中公新書、二〇一二年)
原彬久『岸信介――権勢の政治家』(岩波新書、一九九五年)
――『戦後史のなかの日本社会党――その理想主義とは何であったのか』(中公新書、二〇〇〇年)
――『戦後政治の証言者たち――オーラル・ヒストリーを往く』(岩波書店、二〇一五年)
平野貞夫『日本を呪縛した八人の政治家――政治改革を阻んだ永田町の妖怪』(講談社、二〇〇三年)
――『虚像に囚われた政治家小沢一郎の真実』(講談社＋α文庫、二〇〇七年)
――『公明党・創価学会の真実』(講談社＋α文庫、二〇〇八年)
――『平成政治20年史』(幻冬舎新書、二〇〇八年)
――『わが友・小沢一郎』(幻冬舎、二〇〇九年)
――『平野貞夫・衆議院事務局日記』(1〜5、信山社、二〇一三年)
――『田中角栄を葬ったのは誰だ』(K&Kプレス、二〇一六年)
――『野党協力の真相――戦後共産党は、いかに大転換に至ったのか』(詩想社新書、二〇一六年)
――『わが輩は保守本流である――保守本流から日本政治への警鐘』(五月書房新社、二〇一八年)
――『衆議院事務局――国会の深奥部に隠された最強機関』(白秋社、二〇二〇年)
平野貞夫・奈良岡聰智(監修)・赤坂幸一(監修)『消費税国会の攻防――一九八七‐八八 平野貞夫衆議院事務局日記』(千倉書房、二〇一二年)
平野貞夫・高野孟・木村朗『昭和・平成 戦後政治の謀略史――二つの権力犯罪、二つの政権崩壊劇にみた日本政治の正体』(詩想社、二〇一八年)
福永文夫『大平正芳――「戦後保守」とは何か』(中公新書、二〇〇八年)

藤井信幸『池田勇人――所得倍増でいくんだ』（ミネルヴァ書房、二〇一二年）
不破哲三『日本共産党史を語る』（上・下、新日本出版社、二〇〇六-〇七年）
細川護熙編『日本新党・責任ある変革』（東洋経済新報社、一九九三年）
――『内訟録――細川護熙総理大臣日記』（日本経済新聞社、二〇一〇年）
前泊博盛『本当は憲法より大切な「日米地位協定入門」』（創元社、二〇一三年）
孫崎享『戦後史の正体――１９４５年―２０１２年』（創元社、二〇一二年）
――『アメリカに潰された政治家たち』（小学館、二〇一二年）
――『日本外交――現場からの証言』（創元社、二〇一五年）
増田弘『石橋湛山――リベラリストの真髄』（中公新書、一九九五年）
待鳥聡史『代議制民主主義――「民意」と「政治家」を問い直す』（中公新書、二〇一五年）
――『政治改革再考――変貌を遂げた国家の軌跡』（新潮選書、二〇二〇年）
松島泰勝『琉球独立宣言――実現可能な五つの方法』（講談社文庫、二〇一五年）
丸山眞男『新装版　現代政治の思想と行動』（未來社、二〇〇六年）
御厨貴・中村隆央編『聞き書　宮澤喜一回顧録』（岩波書店、二〇〇五年）
御厨貴・牧原出編『聞き書　武村正義回顧録』（岩波書店、二〇一一年）
――編『聞き書　野中広務回顧録』（岩波書店、二〇一二年）
御厨貴編『「政治主導」の教訓――政権交代は何をもたらしたのか』（勁草書房、二〇一二年）
宮澤喜一『戦後政治の証言』（読売新聞社、一九九一年）
――『新・護憲宣言――21世紀の日本と世界』（朝日新聞社、一九九五年）

――――『21世紀への委任状：Sprits the testimony』（小学館、一九九五年）
――――『ハト派の伝言――宮沢喜一元首相が語る』（中国新聞社、二〇〇五年）
村上正邦・平野貞夫・筆坂秀世『参議院なんかいらない』（幻冬舎新書、二〇〇七年）
村山富市『元内閣総理大臣村山富市証言録――自社さ連立政権の実相』（新生舎出版、二〇一一年）
村山富市・辻元清美『そうじゃのう…――村山富市「首相体験」のすべてを語る』（第三書館、一九九八年）
森嶋通夫『なぜ日本は没落するか』（岩波書店、一九九九年）
薬師寺克行『証言　民主党政権』（講談社、二〇一二年）
――――編『村山富市回顧録』（岩波書店、二〇一二年）
山岸章『連合　世直しへの挑戦』（東洋経済新報社、一九九二年）
――――『我かく闘えり』（朝日新聞社、一九九五年）
――――『「連立」仕掛人』（講談社、一九九五年）
――――『「連立政権時代」を斬る』（読売新聞社、一九九五年）
矢部宏治『日本はなぜ、「戦争ができる国」になったのか』（集英社、二〇一六年）
――――『知ってはいけない――隠された日本支配の構造』（講談社現代新書、二〇一七年）
山岡淳一郎『田中角栄の資源戦争――石油・ウラン・そしてアメリカとの闘い』（草思社文庫、二〇一三年）
山口二郎・石川真澄編『日本社会党――戦後革新の思想と行動』（日本経済評論社、二〇〇三年）
山口二郎『日本政治の課題――新・政治改革論』（岩波書店、一九九七年）

――『危機の日本政治』(岩波書店、一九九九年)
――『日本政治　再生の条件』(岩波新書、二〇〇一年)
――『政権交代論』(岩波新書、二〇〇九年)
――『政権交代とは何だったのか』(岩波新書、二〇一二年)
――編『民主党政権は何をなすべきか――政治学からの提言』(岩波書店、二〇一〇年)
山口二郎・中北浩爾編『民主党政権とは何だったのか――キーパーソンたちの証言』(岩波書店、二〇一四年)
山崎雅弘『日本会議――戦前回帰への情念』(集英社新書、二〇一六年)
山本七平『空気の研究』(文春文庫、一九八三年)
吉田健一『「政治改革」の研究――選挙制度改革による呪縛』(法律文化社、二〇一八年)
吉田敏浩・新原昭治・末浪靖司『検証・法治国家崩壊――砂川裁判と日米密約交渉』(創元社、二〇一四年)
吉田敏浩『「日米合同委員会」の研究――謎の権力構造の正体に迫る』(創元社、二〇一六年)

吉田健一（よしだ・けんいち）
1973年京都市生まれ。2000年立命館大学大学院政策科学研究科修士課程修了。修士（政策科学）。2004年財団法人（現・公益財団法人）松下政経塾卒塾（第22期生）。その後、衆議院議員秘書、シンクタンク研究員等を経て、2008年鹿児島大学講師に就任。現在鹿児島大学学術研究院総合科学域共同学系准教授。専門は政治学。著作に、『「政治改革」の研究』（法律文化社、2018年）。

立憲民主党を問う――政権交代への課題と可能性

2021年6月10日　初版第1刷発行

著者 ――吉田健一
発行者 ――平田　勝
発行 ――花伝社
発売 ――共栄書房
〒101-0065　東京都千代田区西神田2-5-11出版輸送ビル2F
電話　03-3263-3813
FAX　03-3239-8272
E-mail　info@kadensha.net
URL　http://www.kadensha.net
振替 ――00140-6-59661
装幀 ――黒瀬章夫（ナカグログラフ）
印刷・製本― 中央精版印刷株式会社

ISBN978-4-7634-0971-3 C0031